¡Apúntate ya! 2A

Cornelsen

Die folgenden aufgelisteten Angebote sind nicht obligatorisch abzuarbeiten. Die Auswahl der Übungen und Übungsteile richtet sich nach den Schwerpunkten des schulinternen Curriculums.

* fakultativ für Nordrhein-Westfalen

Symbole und Verweise:

- Partnerarbeit
- Gruppenarbeit
- Hörverstehen
- 1|41 Tracknummer
- Schreiben
- ▸▸ Hinweis auf Resumen
- Methodentraining
- Spiel
- Sprachmittlung
- //○ ▸ p. 108 leichtere Aufgaben im Anhang
- //● ▸ p. 103 komplexere Aufgaben im Anhang
- DELE Diploma de Español como Lengua Extranjera
- 2|7 Verweis auf Übung im Cuaderno de ejercicios
- **PUNTO FINAL** Lernaufgabe

¡HOLA Y BIENVENIDOS!

Wählt eine oder mehrere Aufgaben aus und testet, was ihr von ¡Apúntate ya! 1 behalten habt. Viel Spaß!

COMUNICARSE

1 a Haz preguntas a tu compañero/-a. Él / Ella contesta.

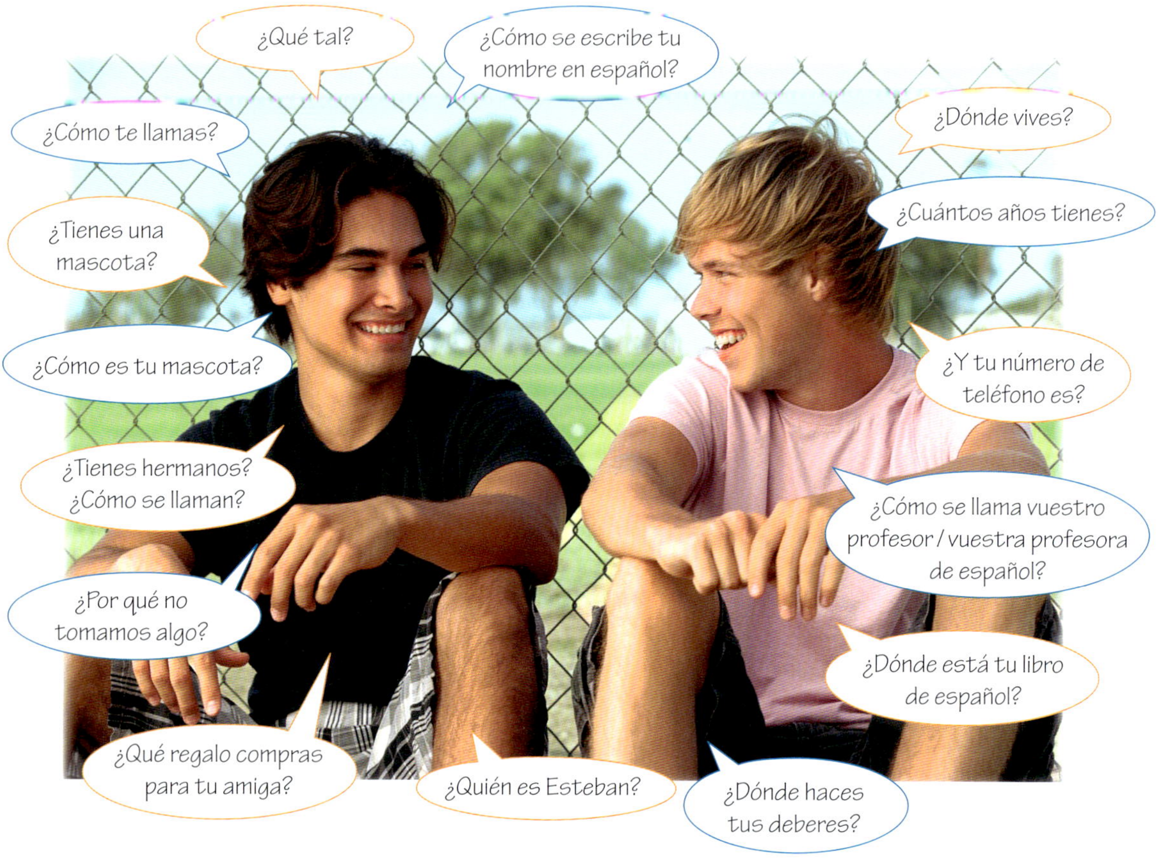

b Haz dos preguntas más a tu compañero/-a.

3

VOCABULARIO

2 a ¿Quién hace la serpiente de palabras más larga? | Wer bildet die längste Wortschlange?
Der letzte Buchstabe eines Wortes ist der Anfangsbuchstabe eines neuen Wortes.

b Escribe frases divertidas con tus palabras.
Ejemplo: El animal de goma bebe un zumo con un lápiz.

ESCUCHAR Y ESCRIBIR

1|2

3 a Copia el cuadro en tu cuaderno. Después escucha y complétalo. | Übertrage die Tabelle in dein Heft. Dann höre zu und ergänze sie.

	años	ciudad	mascota favorita
Fátima	[…]	[…]	[…]
Antonio	[…]	[…]	
Gabriela	[…]		
David			

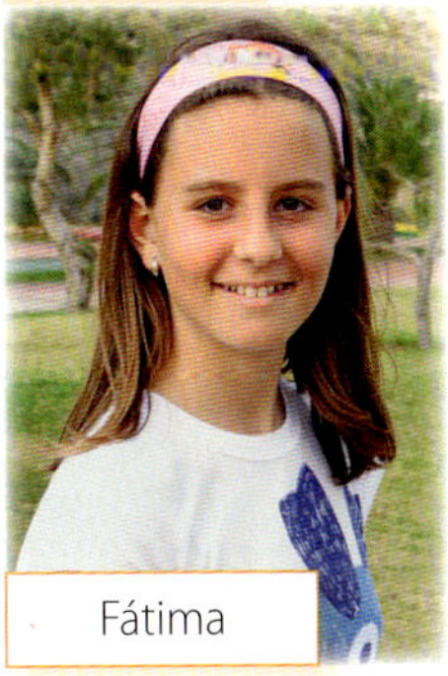
Fátima

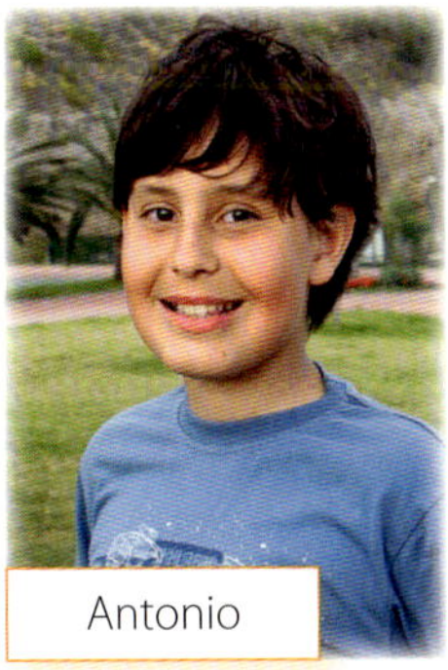
Antonio

Gabriela

David

b Elige a uno de los chicos y escríbele un e-mail. | Und du? Schreibe einem der Kinder eine E-Mail und beschreibe dich wie in **3a**.

LEER Y ENTENDER

4 a Lee las frases. Tu compañero/-a dice falso o verdadero.

1. En Alicante no hay playas.
2. En Alicante hay un castillo que se llama castillo de Santa Elena.
3. La Explanada de España es una calle en el centro de Alicante.
4. La ensaladilla rusa es una comida típica española.
5. El loro es un animal de Costa Rica.
6. Javi y Elena son hermanos.
7. Las piñatas son típicas de España.
8. El flamenco es un baile alemán.

b Ahora escribe tú dos frases. Tu compañero/-a dice falso o verdadero.

A JUGAR

5 Jugad en grupos de tres.
A mira las soluciones en la página 167.
B y C juegan.

3

Completa:
Elena llega [...] cine.

Conjuga
el verbo **estar**.

¿Quieres tomar [...]?

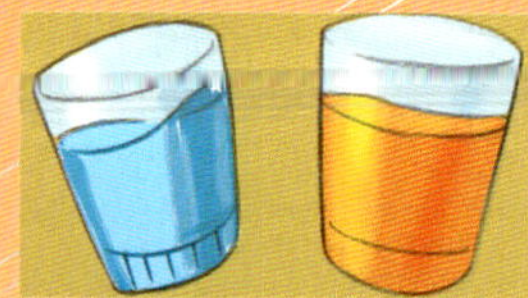

Conjuga el verbo
saber.

El plural de
el regalo, **el cine**,
el hospital

Completa:
Manu tiene
un perro
y [...].

El nombre de tres cosas

Completa:
¿[...] no compramos una
entrada para el fútbol?

En español:
7 10 12
14 15
20

Completa:
Javi [...] en el colegio.
[...] un chico de Alicante.

Dein Hund ist im Wohnzimmer,
er darf aber nicht dort sein.
Was sagst du ihm?

Hoy es el cumpleaños de
tu amigo, ¿qué le dices?

El imperativo
(singular y plural)
de **salir**
y de **tener**

¿Qué hay en la fiesta?

Tres ciudades en España

Spielregeln:
Jeder Spieler braucht neun Spielsteine, z. B. Münzen.
Wählt abwechselnd eine Aufgabe und legt für jede richtige Antwort eine Münze auf das Feld.
Wer zuerst drei Felder in einer Reihe belegt, hat gewonnen.

[•••] ≠ fácil
[•••] ≠ grande
[•••] ≠ interesante

No encuentras tu libro.
Pregunta a tu compañero/-a.

Dos cosas de comer

Compras pan en la [•••].

Dos regalos geniales son [•••] y [•••].

Du sagst, dass du Hunger hast.

El artículo de **animal**, **agua**, **problema**

Du sagst, dass es nicht einfach ist, einen Hund zu halten.

Quieres tener un perro. ¿Qué le preguntas a tu padre / madre?

La forma femenina de **el médico**, **el profesor**, **el tío**, **el abuelo**, **el hermano**

Conjuga el verbo **querer**.

El hijo de tu tía es tu [•••].

Ordena las palabras: **España – capital – es – no – la – Barcelona – de**

Du sagst, dass es eure sind:
Son [•••] libros y cuadernos.

Completa:
La silla está [•••] el armario y la mesa.

1

¿QUÉ HORA ES?

¡ACÉRCATE!

1|3

1

2

3

4

5

6

Hier lernst du
- zu fragen und zu sagen, wie spät es ist.

LEER Y HABLAR

▸ p. 104

1 a Lee los diálogos. Relaciona las horas con los dibujos. | Lies die Dialoge und ordne die Uhrzeiten den Zeichnungen zu.

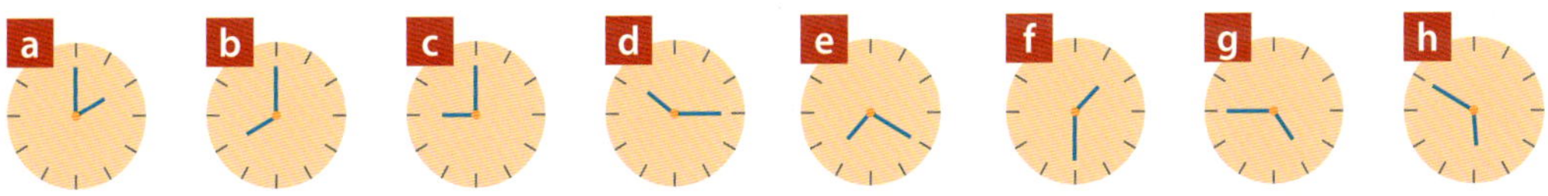

b Suche in den Dialogen die Angaben zur Uhrzeit und zeichne das Schema in dein Heft.

4|1
4|2

c ¿Qué hora es? Pregunta a tus compañeros. | Zeichne eine Uhr. Fragt euch gegenseitig, wie spät es ist. ▸▸ Resumen 1, p. 19

HABLAR

2 a Busca los países en el mapa de América Latina. ¿Cómo se llaman las capitales? | Suche die Länder auf der Lateinamerika-Karte. Wie heißen die Hauptstädte?

- San José
- Bogotá
- Buenos Aires
- Santiago

Argentina (-4 horas)

Chile (-5 horas)

Colombia (-6 horas)

Costa Rica (-7 horas)

La capital de Argentina es [...].

b En Alicante son las dos de la tarde. Apunta: ¿qué hora es en América Latina? | In Alicante ist es zwei Uhr nachmittags. Wie spät ist es in Lateinamerika? Notiere die Uhrzeiten zu jeder Stadt.

Im Spanischen werden meistens die Tageszeiten **de la mañana / de la tarde / de la noche** angegeben.

c ¿Qué hora es? | Sage, wie spät es in Alicante ist und frage nach der Uhrzeit in einer der lateinamerikanischen Städte. Dein Mitschüler / deine Mitschülerin antwortet. ▸▸ Resumen 1, p. 19

En Alicante	es la son las [...]	de la mañana. de la tarde. de la noche.	¿Qué hora es en [...]?

En	San José Bogotá Buenos Aires Santiago	es la una son las [...]	de la mañana. de la tarde. de la noche.

ESCUCHAR

1|4 4|3

3 a Mira los dibujos, escucha y apunta: ¿qué hora es? | Schaue dir die Zeichnungen an und höre die Aussagen. Notiere in deinem Heft die Uhrzeiten zu jeder Zeichnung.

1

2

3

b Mira los dibujos y tus apuntes otra vez. Repite las horas y las partes del día. | Wiederhole die Uhrzeit und die Tageszeit.

En el dibujo [...]	es la una son las [...]	de la mañana. de la tarde. de la noche.

YA LO SÉ

4 Jede/r schreibt eine Uhrzeit auf eine Karte. Dann gehen alle durch die Klasse. Bei „Stopp“ fragt jedes Mädchen den Jungen, der am nächsten steht, nach der Uhrzeit. Er antwortet. Danach wird gewechselt.

¿TIENES SU NÚMERO?

Hier lernst du
- nach der Telefonnummer zu fragen und sie zu sagen,
- dich am Telefon zu verabreden.

1|5

1 Escucha los diálogos. | Höre zu und sprich leise mit.

Ana: ¿Qué hora es?
Jorge: Son las 4 y media y Carlos no está … ¿Tienes su número?
Ana: Sí, claro, apunta. Es el 963 74 25 13.
Jorge: Bueno, aquí está mi móvil. Es el 9–6–2 …
Ana: No, … es el 9–6–3 …
Jorge: Otra vez: el 9–6–3–7–4 …

Madre: ¿Dígame?
Jorge: ¡Hola, soy Jorge! ¿Puedo hablar con Carlos?
Madre: Sí, un momento. – ¡Carlos! Es para ti.
Carlos: Gracias. … Dime.
Jorge: Hola, Carlos, ¿qué haces? Ana y yo estamos en la heladería en la plaza San Blas. ¿Vamos a la playa?
Carlos: ¿Cuándo queréis ir?
Jorge: Pues, por la tarde.
Carlos: Lo siento, hoy no tengo tiempo. Tengo que hacer los deberes.
Jorge: ¡Qué pena! Entonces, hasta mañana.

1|6
5|2

2 Escucha, lee y repite. | Höre zu und lies mit.
Da, wo eine Lücke ist, hörst du zuerst zu und sprichst dann nach.

sich am Telefon melden
(Ring – ring)
Madre: […]
Ana: Hola, soy Ana. ¿[…] con Inés?
Madre: Sí, claro. […] Inés, es para ti.

sich verabreden
Inés: […]
Ana: Hola, Inés, soy Ana. ¿ […] a la piscina?
Inés: […], hoy no puedo. […] hacer los deberes.
Ana: ¡Qué pena! ¿ […] no vamos mañana?
Inés: Sí, bueno.

3 a Jorge llama a Inés. | Überlege, welche Sätze zu welcher Zeichnung passen und bringe das Gespräch dann in die richtige Reihenfolge. Schreibe es in dein Heft.

1. Sí, claro, un momento. … Inés, es para ti.
2. Lo siento, hoy no puedo. Tengo que estudiar para un examen.
3. ¿Dígame?
4. Muy bien. Hasta mañana.
5. Sí, bueno. Entonces, hasta mañana.
6. ¿Cuándo quieres ir?
7. Entonces, ¿por qué no vamos mañana?
8. ¿Dime?
9. Hoy por la tarde. A las seis.
10. Hola, soy Jorge. ¿Puedo hablar con Inés?
11. Hola Inés, soy Jorge. ¿Vamos al cine?

1|7

b Escucha el diálogo. | Höre dir das Gespräch an und überprüfe deine Lösung.

4 Tu compañero / compañera dice su número de teléfono. Tú lo apuntas.

¿Tu número de teléfono?

Es el 8 – 5 – 3 – …

83 224 634

3 448 276

8 229 980

78 27 837

[…]

5 Preparad el diálogo en parejas. | A ruft bei B an. Zuerst meldet sich die Mutter, dann der Freund / die Freundin (beides Rolle A). Übt den Dialog ein. Nach einem Durchgang tauscht ihr die Rollen.

6|4

A

(Ring … ring …)
[…]

B

Hola, soy […] ¿Puedo […]?

Sí, claro. […]

Dime.

Hola, […]

¿Vamos
- a la playa?
- a la clase de baile?
- a la piscina?
- a la heladería?
- al estadio?
- al cine?

Estupendo. ¿Cuándo quieres ir?

Hoy, a las […].

Lo siento. Hoy no […].

Tengo que
- hacer los deberes.
- estudiar para un examen.
- salir con el perro.
- visitar a mis abuelos.
- comprar un regalo.
- […].

Entonces, ¿por qué no […]?

Sí, bueno. Entonces hasta […].

Hasta luego.

TEXTO

¿VAMOS A LA PLAYA?

Hier lernst du
- zu sagen, wohin du gehst,
- dich mit jdm. zu einigen.

1|8
1|9

Madre: ¿Dígame?
Sarah: Hola, soy Sarah. ¿Puedo hablar con Elena, por favor?
Madre: Sí, un momento … ¡Elena, teléfono! Es Sarah.
Elena: ¿Dime?
Sarah: ¡Hola, Elena! ¿Vamos a la playa?
Elena: Hum, hoy no puedo. Es que a las tres y media tengo clase de baile español.
Sarah: Ay, Elena, tú siempre vas a clases de baile español. ¡Vamos juntas a la playa, porfa!
Elena: Lo siento, Sarah, pero no puedo, de verdad.
Sarah: Bueno, está bien …

Sarah mira el teléfono y piensa: «Elena y sus actividades: toma clases de baile, canta en el coro del colegio, sale con su madre … Claro, son actividades importantes, pero los amigos también son importantes, ¿no?»
No importa, también puede llamar a Esteban o a Javi. Bueno, Esteban siempre quiere ir al fútbol y el fútbol no es la actividad favorita de Sarah. Pero, por la tarde, Esteban casi siempre va a la playa porque nadar también es una de sus actividades favoritas. Seguro que él tiene tiempo y también ganas de ir con ella.
Ya está, Sarah toma el teléfono, llama a Esteban, pero su amigo no contesta. No puede ser, ¿qué pasa con Esteban?

Javi: Hola, Sarah, ¿qué hay?
Sarah: ¿Qué haces por la tarde? ¿Vamos a la playa?
Javi: Lo siento, pero no puedo porque salgo con mis primos.
Sarah: ¿Qué hacéis? ¿Adónde vais?
Javi: Al Museo del Juguete. ¿Por qué no vamos juntos?
Sarah: No sé … Es que tengo ganas de nadar …
Javi: Pero, ¿qué hace Esteban hoy? ¿Por qué no hablas con él?
Sarah: No contesta el teléfono y no sé por qué.
Javi: ¡Porque tiene un número nuevo! Apunta. Es el 96 52 22 3 48.

Sarah: Hola, Esteban, ¿vamos a la playa?
Esteban: ¿A la playa? ¿Cuándo quieres ir?
Sarah: Por la tarde, claro.
Esteban: No, no puedo, por la tarde voy al polideportivo con mi padre porque hay un partido de fútbol.
Sarah: ¡Qué pena! Oye, ¿entonces por qué no vamos antes a la piscina del polideportivo? Y después vas al estadio.
Esteban: A ver, el partido empieza a las siete y media. Entonces sí podemos ir primero a la piscina, pero después vamos al estadio, ¿vale?
Sarah: Al estadio … no sé …
Esteban: Mira, ¿por qué no hacemos un trato? Yo voy contigo a la piscina y tú ves conmigo el partido.
Sarah: ¡Vale! Oye y ¿dónde quedamos? ¿Y a qué hora?
Esteban: A las tres menos cuarto, delante del polideportivo, ¿vale?
Sarah: ¡Estupendo! ¡Entonces, hasta luego!

COMPRENDER

DELE **1** ¿Quién es? ¿Quiénes son? Contesta.

7|1

¡Es […]! / ¡Son […]!

1. Va con sus primos al Museo del Juguete.
2. Quiere ir a la playa o a la piscina.
3. Quieren ir al estadio.
4. Va a la clase de baile español.
5. Van a la piscina y al estadio.

▸ p. 104

2 a Escribe seis preguntas sobre el texto A ¿Vamos a la playa? en tu cuaderno. Utiliza:
Tipp: Denke daran, die Verben zu konjugieren.

1. ¿Quién	*tener* Elena clase de baile español?
2. ¿Quiénes	*llamar* a Esteban?
3. ¿Adónde	Esteban no *contestar*?
4. ¿Cuándo	*ir* al Museo del Juguete?
5. ¿A qué hora	*ir* Javi y sus primos?
6. ¿Por qué	*quedar* Esteban y Sarah?

b Haz las preguntas de **a** a tu compañero / compañera. Él / Ella contesta.

Por la tarde. | Sarah toma el teléfono y llama a Esteban. | Van al Museo del Juguete. | Quedan a las tres menos cuarto. | Javi y sus primos. | Porque tiene un número nuevo.

PRACTICAR

3 A würfelt und formuliert den ersten Teil des Satzes. B sagt, wo es danach hingeht.
▸▸ Resumen 3, p. 19

Ejemplo: ⚁ **A** Valentina está en la playa … **B** …y **después** va al cine.

A			B	
Yo estoy Tú estás Valentina está Nosotras estamos Vosotros estáis Raúl y Roberto están	**en el** […] **en la** […]	y después	voy vas va vamos vais van	**al** […] **a la** […]

a + el = al

4 a Un concurso de un programa de radio. Escucha el programa y completa el cuadro en tu cuaderno. | Ein Gewinnspiel im Radio. Höre zu und ergänze die Tabelle in deinem Heft.

1|10

	¿Cuántos años tiene?	Su número de teléfono
Matías	[…]	[…]
Pilar	[…]	[…]
Maripaz	[…]	[…]

b Escucha otra vez: ¿Quién tiene el número correcto? ¿Cuál es el regalo genial?

5 Busca las expresiones para quedar con un amigo / una amiga en el texto A ¿Vamos a la playa? Prepara una lista en tu cuaderno. | Suche im Text A, S. 13 alle Ausdrücke, um sich zu verabreden. Notiere sie in deinem Heft.

¿Vamos a [•••]?
Vamos juntas a [•••]
[•••]

6 ¿Qué haces hoy? Pregunta a tu compañero/-a adónde va. | Spielt zu zweit. **A** wählt einen Ort aus und behält ihn für sich. **B** errät ihn. Wechselt euch ab.

al
cine castillo estadio colegio centro polideportivo museo cibercafé

a la
panadería playa cocina plaza tienda piscina fiesta de …

¿Vas a la panadería?
No, no voy a la panadería.
Voy al cine.

VOCABULARIO

7|2 **7 a** Forma parejas. | Bilde Gegensatzpaare und schreibe sie auf.

aburrido/-a	antes
encima de	la piscina
el hambre	contigo
llegar temprano	salir a
hacer los deberes	también
la noche	buscar

debajo de	divertido/-a
volver a	conmigo
llegar tarde	tampoco
encontrar	la sed
después	el día
la playa	ir al polideportivo

b Lee una de las palabras de **a**. Tu compañero/-a dice la pareja. | Lies ein Wort aus **a** vor. Dein Mitschüler / Deine Mitschülerin sagt das dazugehörige Wort.

aburrido
divertido

APRENDER MEJOR

7|3
7|4 **8 Verbformen leichter lernen (I)**

1.	1. hago
2. haces	2.
3. hace	3.
4. hacemos	4.
5.	5. hacéis
6. hacen	6.

Destreza
Verbformen, die du dir besonders merken musst, kannst du leichter mit Kärtchen wie im Beispiel links lernen. Notiere alle Formen, die du dir besonders merken musst, in der rechten Spalte. Knicke dann das Kärtchen in der Mitte. Schaue dir beim Üben immer nur eine Spalte an und überlege dir dann, wie die restlichen Formen lauten.

a Fertige je ein Kärtchen mit den Verben hacer, estar, tener, ir, saber und salir an.

b Wähle ein Kärtchen aus und zeige deinem Mitschüler / deiner Mitschülerin nur die rechte Hälfte. Er / Sie ergänzt die fehlenden Formen mündlich.

HABLAR

9 Esta tarde quieres hacer una cosa, pero tu compañero no, porque tiene otros planes. Haced un trato. | Du machst einen Vorschlag für heute Nachmittag, aber dein Mitschüler möchte etwas anderes machen. Einigt euch.

playa cine museo …

estadio piscina clase de baile …

Ejemplo:
A: ¿Por qué no vamos a la playa esta tarde?
B: No sé todavía. Prefiero ir al estadio y ver el partido.
A: ¿Por qué no hacemos un trato? Primero vamos a la piscina y después vamos al estadio.
B: Vale.

ESCRIBIR

10 Quieres quedar con un amigo / una amiga. Escribe los mensajes de vuestros móviles. | Du verabredest dich mit einem Freund / einer Freundin. Schreibe SMS-Botschaften wie im Beispiel auf deinem Handy.

Ejemplo:

PUNTO FINAL 1

11 Sich am Telefon verabreden | Quieres quedar con un amigo español, pero él ya tiene otros planes. Entonces tú llamas a dos o tres amigos más. Preparad la escena y presentadla en clase.

hacer los deberes hacer deporte
ir al cine ver un poco la tele
ir a casa de … salir con el perro
ir a la plaza visitar un museo
ir a la piscina tomar un helado
comprar un regalo para un amigo
ir a la playa a nadar ir al centro
preparar una fiesta para un amigo / una amiga
preparar un pastel …

RESUMEN DE GRAMÁTICA

1 La hora | Die Uhrzeit

Son las tres.

Son las tres **y** media.

! Es la una.

Son las tres **y** diez.

Son las cuatro **menos** cuarto.

! Es la una y cuarto.

Son las tres **y** cuarto.

Son las cuatro **menos** diez.

2 El verbo hacer | Das Verb hacer

	hacer	
Yo	ha**g**o	una tortilla de patatas.
Oye, Sarah, ¿qué	haces	por la tarde?
Sergio	hace	un pastel.
¿Qué	hacemos	ahora?
Chicas, ¿cuándo	hacéis	vuestros deberes?
Mis amigos	hacen	una fiesta.

3 El verbo ir | Das Verb ir

	ir	
Mañana	**voy**	al estadio.
¿Tú	**vas**	a clases de baile español?
Paco	**va**	al colegio.
Maite y yo	**vamos**	al cine.
Hola chicos, ¿adónde	**vais**	?
Los chicos	**van**	a la fiesta.

4 Los pronombres conmigo y contigo | Die Pronomen conmigo und contigo

¿Quieres salir	**conmigo**	?
Hoy no puedo salir	**contigo**	.
Sergio habla	**con él / ella**	por la tarde.
¿Por qué no vas	**con nosotros / nosotras**	a la playa?
A las dos como	**con vosotros / vosotras**	.
Alberto no quiere salir	**con ellos / ellas**	.

5 Los pronombres interrogativos adónde y cuándo | Die Fragewörter adónde und cuándo

Hola, Diego, ¿**adónde** vas? – Al estadio.
Hola, chicos, ¿**cuándo** vais a la playa? – El sábado.

EJERCICIOS FACULTATIVOS

1|11 9|6

1 Escucha y apunta los números. | Die Geheimagenten Mortadelo und Filemón müssen eine geheime Botschaft entziffern. Wie lautet die Botschaft?

a	b	c	ch	d	e	f	g	h	i
21	25	27	30	31	33	36	42	47	49
j	**k**	**l**	**ll**	**m**	**n**	**ñ**	**o**	**p**	**q**
54	55	60	61	62	68	70	74	78	79
r	**s**	**t**	**u**	**v**	**w**	**x**	**y**	**z**	
82	87	88	89	90	92	95	98	99	

2 a ¿Qué hora es? Apunta las horas en tu cuaderno.

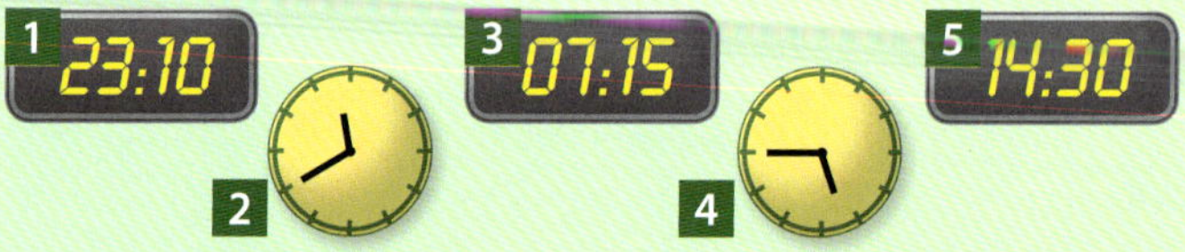

… de la mañana /
… de la tarde /
… de la noche

1|12

b Javi y Esteban hablan por teléfono para quedar por la tarde. Escucha el diálogo y completa las horas. ¿Pueden ver la película juntos?

1. La piscina cierra a [...].

2. Javi llega a casa a [...].

3. La película empieza a [...].

1|12

c Escucha otra vez y contesta las preguntas.

1. ¿Qué película quieren ver?
2. ¿A qué hora quedan los amigos? ¿Dónde?

3 ¿A qué hora …? Describe tu día. | Wann machst du was? Schreibe Sätze mit den Verben in dein Heft.

hacer los deberes *llegar* a casa *empezar* mi clase de … *hacer* deporte *ver* la tele
leer *escuchar* música *comer* *llamar* a … *ir* a casa de …

1|13

4 Escucha y repite el trabalenguas. | Höre zu und sprich nach.

Porque puedo, puedes,
porque puedes, puedo,
pero si[1] no puedes,
yo tampoco puedo.

1 si *wenn*

5 **Un juego | Würfele für jedes Verb dreimal und notiere die richtige Form. Wie lange brauchst du? Stoppe die Zeit.**

ir *hacer* *tener* *salir* *estar* *saber*

⚀ yo
⚁ tú
⚂ él / ella
⚃ nosotros / nosotras
⚄ vosotros / vosotras
⚅ ellos / ellas

Ejemplo: ⚄ vais

8|5 **6** **Sarah pregunta a Esteban, él contesta. Completa primero con la primera persona en plural, después con la primera persona en singular.** ▶▶ Resumen 2+3, p. 19

1. *ir:* Esteban, ¿porqué no [...] a la piscina? – No, esta tarde [...] al polideportivo.
2. *poder:* [...] ir a la playa, ¿no? – No, no [...], hoy llegan mis primos.
3. *hacer:* ¿[...] los deberes juntos? – No, [...] los deberes con Javi.
4. *tener:* ¿[...] tiempo para ver la tele? – No, de verdad no [...] tiempo, lo siento.

Al final Esteban pregunta a Sarah:

5. *salir:* Sarah, ¿[...] esta tarde con Sami? – Lo siento, [...] con Sami, pero voy con Elena

DELE **7** **Completa el texto con las preposiciones a, en, para, con, conmigo, contigo y entre.**

Hoy es sábado y los chicos quieren ir [...] la playa favorita [...] Javi, la playa del Postiguet. Quedan [...] las tres [...] la tarde [...] casa [...] Esteban. Su madre prepara tortilla [...] patatas [...] la playa y los chicos salen [...] la calle. [...] la playa primero nadan un poco. Después Sarah tiene hambre.

Sarah: Esteban, ¿dónde está la tortilla?
Esteban: [...] la mochila [...] Elena. Pero, ¿dónde está Elena? ¡Los chicos ya no ven [...] su amiga! Al final Sarah descubre [...] Elena. ¡Está [...] el agua!
Esteban: Tengo ganas [...] comprar un helado. ¿Quién quiere tomar un helado [...]?
Sarah: Yo tomo uno [...], pero primero quiero nadar un poco [...] Elena, ¿vale? Javi, puedes beber mi zumo [...] naranja. Mira, allí está, [...] el reloj y el libro.

Elena y Sarah nadan un poco y después vuelven [...] la playa [...] tomar un helado [...] sus dos amigos.

9|7 **8** ¿Qué pregunta la madre?
Completa el diálogo con ¿Cómo?, ¿Cuándo?, ¿Adónde?, ¿Dónde?, ¿A qué hora?, ¿Quiénes?

Madre: ¿[...] vas con la tortilla de patatas?
Elena: A la fiesta de cumpleaños de Ana.
Madre: ¿[...] empieza la fiesta?
Elena: Empieza ya. A las cinco en punto.
Madre: ¿[...] es la fiesta?
Elena: En la academia de danza.
Madre: ¿[...] van a la fiesta?
Elena: Bueno, todos mis amigos: Javi, Juan, Sarah, …
Madre: ¿Y [...] termina la fiesta?
Elena: Termina tarde, entre las once y doce de la noche.
Madre: ¿[...] llegas a casa?
Elena: Con la madre de Juan. Vive aquí al lado.
Madre: Bueno, está bien. Hasta luego.

EL HORARIO DE LOS CHICOS

ACÉRCATE

COMPRENDER

1|14

1 Schau dir den Stundenplan an: Welche Fächer erkennst du wieder?

Abuela: ¿Cuántas horas de Lengua y Literatura tenéis durante la semana?
Javi: Cuatro. Una los lunes, dos los miércoles y una los viernes.
Abuela: ¿Y hasta qué hora tienes clase el viernes?
Javi: Hasta las cinco y diez. Tengo clase de Música desde las cuatro y cuarto hasta las cinco y diez.

EL HORARIO DE LA CLASE 1° DE ESO

	LUNES	MARTES
09:10-10:05	Ciencias de la Naturaleza	Geografía e Historia
10:10-11:05	Inglés	Inglés
recreo		
11:30-12:25	Matemáticas	Educación Física
12:30-13:25	Lengua y Literatura	Educación Física
comida		
15:15-16:10	Educación Plástica y Visual	Matemáticas
16:15-17:10	Tutoría	Tecnología

Esteban: ¿Qué deberes tenemos para el lunes?
Elena: Los deberes de Inglés.
Esteban: ¿Qué? ¿El lunes tenemos Inglés?
Elena: ¡Claro que sí! Por la mañana siempre tenemos Inglés.
Esteban: Entonces, ¡no hay domingo! ¡Qué palo!

Hier lernst du
- über deinen Stundenplan und deine Schulfächer zu sprechen

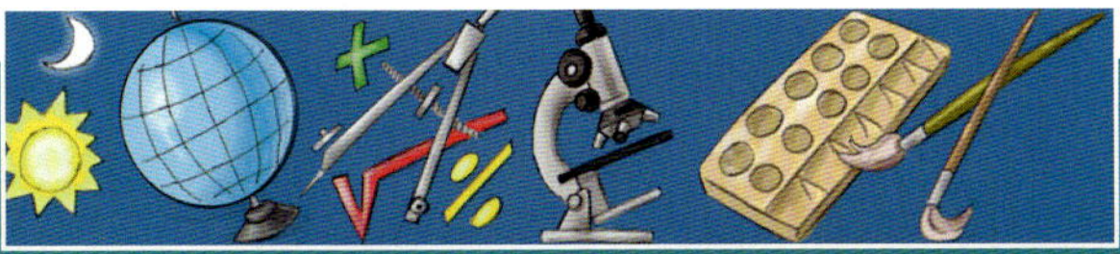

MIÉRCOLES	JUEVES	VIERNES
Optativa	Tecnología	Lengua y Literatura
Geografía e Historia	Educación Plástica y Visual	Inglés
Lengua y Literatura	Matemáticas	Educación Plástica y Visual
Lengua y Literatura	Matemáticas	Ciencias de la Naturaleza
Música	Geografía e Historia	Optativa
Religión / Ética	Ciencias de la Naturaleza	Música

3

Elena: Mi asignatura favorita es Ciencias de la Naturaleza porque aprendemos un montón de cosas sobre los animales.
Esteban: Pues yo prefiero Geografía e Historia.
Sarah: ¡Bah! Para mí Geografía es muy aburrida.

2 Contesta las preguntas.

1. ¿Cuántas horas de Matemáticas tienen los chicos durante la semana?
2. ¿Cuándo tienen Geografía e Historia?
3. ¿A qué hora tienen Educación Física?
4. ¿A qué hora es el recreo?
5. ¿Qué asignaturas tienen los chicos el jueves?

3 Compara tu horario con el horario de los chicos.

12|1

Nosotros tenemos Los chicos tienen	[•••] horas de	Matemáticas. Educación Física.

No tenemos [•••], pero tenemos [•••].

Nosotros tenemos clase Los chicos tienen clase	por la mañana. por la tarde. desde la/s [•••] hasta la/s [•••].
En nuestro colegio En el colegio de los chicos	el recreo tiene [•••] minutos. una hora de clase tiene [•••] minutos.

Los chicos tienen recreo

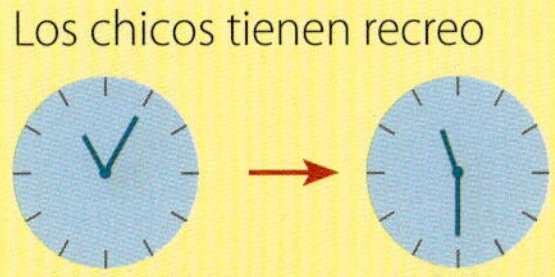

desde las once y cinco **hasta** las once y media.

ESCUCHAR Y REPETIR

1|15

4 Escucha y repite.

Lunes, martes, miércoles y jueves,
viernes, sábado, tenemos que estudiar
pero el domingo siempre, siempre
lo[1] dejamos para descansar[2].

1 lo *hier: den (Sonntag)*
2 descansar *ausruhen*

HABLAR

▸ p. 104
13|3
13|4

5 Elena hace propuestas, Javi contesta. Preparad los diálogos como en el ejemplo. | Elena macht Vorschläge, Javi antwortet. ▸▸ Resumen 3, p. 31

¿Vamos con Esteban a la piscina **el lunes**?

el lunes = am Montag
los lunes *(pl.)* = montags

Lo siento, no puedo, **los lunes** siempre tengo clases de guitarra.

25 lunes	26 martes	27 miércoles	28 jueves	29 viernes	30 sábado
ir a la piscina con Esteban	*estudiar* juntos	*jugar* al fútbol en el polideportivo	*ir* al estadio	*tomar* horchata en la heladería	*ir* a la playa

ESCUCHAR

1|16

▸ p. 105

6 Escucha y apunta las asignaturas favoritas de Paula, Rafa y Clara en tu cuaderno.

	Paula	Rafa	Clara
asignaturas favoritas ☺	[...]	[...]	[...]

YA LO SÉ

7 Was sind deine Lieblingsfächer? Welche magst du nicht. Warum?

Odio [...], *porque es* (muy) [...].

Mi asignatura favorita es [...], *porque es* (muy) [...].

divertido/-a
interesante
aburrido/-a
fácil
difícil
[...]

DIÁLOGO

¡QUÉ SIMPÁTICO!

Hier lernst du
- zu beschreiben, wie jemand ist
- zu sagen, wie es dir / jemandem geht

1|17

1 Escucha los diálogos. | Höre dir das Gespräch an und sprich leise mit.

Ana: Hola Jorge, ¿qué hay?

Jorge: Pues, mira, estoy muy contento porque por la tarde voy a un partido de fútbol. Mira, allí está Laura. La chica nueva.

Ana: Es muy simpática.

Jorge: Sí, también es muy deportista. Creo que también va al partido.

Ana: ¿Sí? Hola, Laura, ¿qué tal? Mira, este es Jorge.

Laura: Hola, Ana, hola, Jorge. Bueno, regular. Estoy muy cansada y tengo que preparar el examen de Inglés. ¡Estoy harta de los exámenes!

Ana: Sí, yo también estoy nerviosa. El profe de Inglés es simpático, pero también es un poco aburrido.

Jorge: ¿Un examen de Inglés? Yo soy muy bueno en Inglés. Es mi asignatura favorita y siempre estoy atento en clase. *Can I help you?*

Laura: ¡Claro que sí!

1|18

2 a Escucha, lee y repite. | Höre zu und lies mit.
Da, wo eine Lücke ist, hörst du zuerst zu und sprichst dann nach.

1.
Ana: Mira, allí está Carlos. [...] deportista y [...] en Inglés. Hola, ¿[...]?
Carlos: Hoy [...] porque [...] y voy al polideportivo.

2.
Ana: Mira, la chica allí se llama Inés. [...]. Hola, Inés, ¿[...]?
Inés: Hola, [...] de Inglés. [...] y no tengo ganas de estudiar.

1|19

b Escucha y contesta. | Höre dir die Fragen an. Dann höre sie noch einmal an und wähle die passende Antwort aus.
Tipp: Denke daran, das Adjektiv anzugleichen!

- ¡Claro que sí!
- Hoy estoy muy nervioso/-a. Tengo un examen de Inglés.
- No, hoy no. Estoy muy cansado/-a.
- Bien, estoy muy contento/-a.

3 Describe a los chicos: ¿cómo están hoy?
Tipp: Denke daran, die Adjektive anzugleichen und die Verben zu konjugieren!

▸ p. 105
15|3

[...] *estar*	contento/-a cansado/-a harto/-a nervioso/-a solo/-a atento/-a	porque	*(tener)* un examen mañana sus padres no *(estar)* en casa Inglés *(ser)* su asignatura favorita por la tarde *(ir)* a la playa con sus amigos su hermana siempre *(dejar)* sus cosas en su habitación siempre *(leer)* mucho

4 Du hörst mit einem deutschen Freund das Gespräch zwischen Carlos, Jorge und Laura an. Dein Freund versteht kein Spanisch und will wissen, was die Jugendlichen reden. Erkläre es ihm:

Kennen sich die drei?

Wer ist denn das Mädchen?

Wieso sagt der eine Junge etwas auf Englisch?

1|20

5 a ¿Cómo son los chicos? Escucha y relaciona los nombres. | Höre zu und ergänze die Namen.

▸▸ Resumen 2, p. 31

Yolanda
Ángela
Raquel
David

1. [...] es muy divertido.
2. [...] es muy deportista.
3. [...] es muy tranquila.
4. [...] es muy simpática.

1|20

b Escucha otra vez. ¿Cómo están los chicos hoy? Completa. |
Höre noch einmal. Wie geht es ihnen heute? Ergänze die Sätze in deinem Heft.

harto/-a atento/-a nervioso/-a cansado/-a

1. Ángela está un poco …
2. David …
3. Raquel no …
4. Yolanda …

6 Geht in der Klasse umher und fragt drei von euren Mitschülern, wie es ihm / ihr geht. Macht Notizen.

▸ p. 105

¿Cómo estás? / ¿Qué tal?

Hoy estoy | harto/-a de [...] / nervioso/-a / bien / contento/-a | porque …

es mi cumpleaños.

tengo un examen de Español.

tengo muchos deberes.

tengo clase de Educación Física.

salgo con mis amigos.

como en casa de mis abuelos.

veo a mi primo de [...].

quiero tener un perro, pero mis padres no quieren.

¡tengo una bicicleta nueva!

voy al polideportivo para ver un partido.

¡tengo una idea genial!

Hier lernst du
- jemanden zu beschreiben
- zu erzählen, was du tagsüber machst

ASÍ SON LOS CHICOS

1|21

Elena

Por la mañana Elena desayuna un poco y sale de casa a las ocho y media para ir al colegio. Hoy es lunes y Elena está un poco cansada, pero también está contenta. ¿Por qué? Porque por la tarde va a su curso de baile español. Además hoy tiene clase de Ciencias de la Naturaleza. Es su asignatura favorita, pero también es muy buena en Matemáticas y en Geografía e Historia. Casi siempre tiene buenas notas, sólo en Inglés, no. Elena es tranquila, tiene chispa y en la clase de Inglés está atenta, pero los idiomas y las palabras nuevas, ¡no son su fuerte!

Javi

A la hora de comer Javi no vuelve a casa porque come en el colegio. Javi es un chico muy simpático y en el recreo siempre está con sus amigos y cuenta chistes. No es muy amigo de los deportes, pero de la música, sí. Después de las clases Javi toca la guitarra y escucha música. Sus asignaturas favoritas son Música y Lengua y Literatura, porque también lee mucho.
Hoy es jueves y Javi está un poco nervioso porque tiene un examen de Matemáticas. Javi es bueno en el colegio y casi siempre tiene buenas notas. ¡Casi siempre!

Sarah

Los martes por la tarde Sarah está sola en casa. Hace los deberes y sale a pasear con Sami, su perro, o ve un poco la tele. A veces Sarah y Elena estudian juntas porque Sarah es buena en Inglés: su fuerte son los idiomas. También es buena en Matemáticas y es muy deportista, pero odia Geografía. Para ella es muy aburrida y está harta de los nombres de las montañas o de los ríos. Por eso a veces tiene malas notas en Geografía. Sarah es muy alegre y ¡es también muy parlanchina!

Esteban

Esteban es activo y un poco travieso. Sus actividades favoritas son el fútbol y el voleibol. Por la noche la familia cena y después Esteban a veces chatea con sus primos de Costa Rica.
Sus asignaturas favoritas son Educación Física y Tecnología, pero también Ciencias de la Naturaleza y Geografía e Historia. Esteban sólo tiene un problema: ¡está harto de Mates!

APRENDER MEJOR

1 Einen Text mit Hilfe von Bildern entschlüsseln

a Mira las fotos y explica en alemán: ¿qué pasa?

b Buscad, para cada foto, la frase correspondiente en el texto.

Destreza
Bilder können helfen, einen Text zu verstehen. Schaue dir zunächst die Fotos zum Text an, sie erzählen schon eine Menge.

COMPRENDER

16|1 **2** Contesta las preguntas. ¿Qué hace …

1. … Elena por la mañana?
2. … Javi a la hora de comer?
3. … Sarah los martes por la tarde?
4. … Esteban por la noche?

3 a Trabajad en cuatro grupos: cada grupo prepara una tarjeta sobre uno de los chicos.

nombre:	Elena
¿cómo es?:	tranquila
asignatura favorita:	Ciencias de la Naturaleza
también es bueno/-a en:	[...]
no es bueno/-a en:	[...]
actividades después de las clases:	[...]

b Cada grupo presenta a «su» chico / chica. Los compañeros dicen quién es. | Jede Gruppe stellt „ihren" Jungen / „ihr" Mädchen vor. Die anderen raten, wer gemeint ist.

Su/s asignatura/s favorita/s es / son [...]
También es bueno / buena en [...]
No es bueno / buena en [...]
Después de las clases [...]

La chica / el chico se llama [...]

VOCABULARIO

4 Ordena las actividades según los horarios. | Ordne die Aktivitäten den Tageszeiten zu.

ir al colegio — desayunar — chatear con amigos — charlar en el recreo — comer — volver a casa — ver la tele — ir a un curso de … — salir con amigos — ir a la cama — hacer deporte — tener clases — tocar la guitarra — cenar — volver — estudiar (juntos)

por la mañana
por la tarde
por la noche
durante la semana
a la hora de comer
después de las clases
los lunes / martes / …

HABLAR

5 a Pregunta a un compañero / una compañera sobre su día. Él / ella contesta. Utiliza el vocabulario del ejercicio **4** y toma apuntes.

¿A qué hora desayunas por la mañana?

Durante la semana desayuno a las siete de la mañana. Pero los domingos desayuno a las diez.

b Presenta a tu compañero / compañera y sus actividades.
Ejemplo:

Durante la semana, Lisa desayuna …

DELE **6** Describe el día de José Enrique. | Beschreibe den Tag von José Enrique.
Ejemplo: 1. A las seis y media José Enrique desayuna con sus padres en casa.

17|7

ESCRIBIR

7 Ahora describe tu día. Escribe un texto en tu cuaderno.

primero	después
a las [•••]	además

▸ p. 105

PRACTICAR

8 Haz preguntas a tu compañero/-a. Él / Ella contesta. Utiliza cuántos, cuántas. | Fragt und antwortet. ▸▸ Resumen 4, p. 31

18|9
19|10

¿Cuántas chicas hay en la clase?

¿Cuántos alumnos hay en la clase?

¿Cuántos [•••]?

mesa
silla
pizarra
ventana
mochila
chico
cartel
profesor
[•••]

9 a Wählt eine/n der Jugendlichen auf dem Foto aus und stellt euch vor, wie er / sie sein könnte.

17|4

¿Cómo se llama?
¿Cómo es?
¿Qué actividades favoritas tiene?
¿Qué odia?
¿Qué hace por la tarde?

simpático/-a	deportista
alegre	parlanchín/-ina
activo/-a	travieso/-a
tranquilo/-a	inteligente

b Stellt den Jungen / das Mädchen den Anderen vor.

10 a Preséntate: ¿Cómo eres como alumno / alumna? | Stelle dich vor: wie bist du als Schüler/in?

Mi asignatura favorita es: [...].	¡[...] no es / son mi fuerte!
Soy (muy) bueno/-a en [...].	(No) soy muy amigo / amiga de [...].
No soy muy bueno/-a en [...].	Mi fuerte es / son [...], pero odio [...].
Tengo buenas notas en [...].	Estoy harto/-a de [...].

b Imaginad vuestro colegio ideal y contestad las preguntas. | Stellt euch zu zweit eure ideale Schule vor. Notiert Antworten zu den Fragen.

1. ¿Qué asignaturas tienes?
2. ¿Cuántos alumnos hay en la clase?
3. ¿A qué hora empiezan las clases?
4. ¿Hasta qué hora tienes clase?
5. ¿Hay exámenes y notas o no?

En mi colegio tengo las asignaturas [...].

Tengo clases hasta las [...].

PUNTO FINAL 2

11 a Eine spanischsprachige Schule hat mit eurer Schule Kontakt aufgenommen. Die Schüler möchten mehr über eure Schule und über die Mitschüler wissen, die Spanisch lernen. Erstelle eine Steckbrief von dir mit folgenden Angaben:

- Stelle dich vor (Name, Alter, Lieblingsfächer, Noten)
- Beschreibe deine Freizeitaktivitäten (Sport / Musik / …, regelmäßig / nur an bestimmten Tagen)
- Stelle deine Schule vor (Stundenplan, Lehrer)

b Bereitet ein Plakat vor, auf dem ihr die Schule und euch vorstellt. Benutzt Fotos und Steckbriefe.

RESUMEN DE GRAMÁTICA

1 Adjetivos con el verbo estar | Adjektive mit dem Verb estar

Javi	**está**	**nervioso**	.
Sarah	**está**	**sola**	en casa.
Elena	**está**	**cansada**	.
Esteban	**está**	**harto**	de Mates.
Elena	**está**	**atenta**	en la clase de Inglés.
Javi	**está**	**contento**	.

2 El uso de ser y estar | Der Gebrauch von ser und estar

Javi es un chico muy tranquilo,	pero **hoy**	**está nervioso** porque tiene un examen.
Elena es buena en mates,		no **está atenta** en clase.
Esteban es activo,		**está cansado**.

3 Indicadores temporales | Zeitangaben

¿Vamos **el sábado** a la piscina?
No, **los sábados** siempre voy a casa de mis abuelos.

Por la mañana Elena va al instituto.
A la hora de comer Javi está en el colegio.
Por la tarde Sarah está sola en casa.
Por la noche Esteban cena con su familia.
Durante la semana tiene tres horas de Inglés.

Javi tiene clase **desde** las nueve y diez **hasta** las cinco y diez.

4 El pronombre interrogativo cuánto/-a | Das Fragewort cuánto/-a

¿**Cuánto** tiempo necesitas para los deberes?
¿**Cuántos** alumnos hay en la clase?

¿**Cuánta** comida necesitamos para la fiesta?
¿**Cuántas** asignaturas tenéis?

5 La conjunción y | Die Konjunktion y

Esteban es travieso **y** activo.
Esteban es travieso **e i**nteligente
Su asignatura favorita es Geografía **e Hi**storia.

EJERCICIOS FACULTATIVOS

1 Busca y escribe las palabras con el artículo determinado en tu cuaderno. | Finde die Wörter und schreibe sie mit dem bestimmten Artikel in dein Heft.

2 a Preparad una encuesta en vuestra clase. | Bereitet eine Umfrage vor.
Frage einen Mitschüler / eine Mitschülerin und notiere dir die Antworten.

¿Tu asignatura favorita?
¿Qué asignatura odias?
¿Quién es tu profe favorito?

– … alumnos odian …
La asignatura favorita / las asignaturas favoritas del curso es / son …
– El / La profe de … es el / la profe favorito/-a de … alumnos.

b Ein/e Mitschüler/in sammelt die Umfrageergebnisse an der Tafel.

3 ¿Ser o estar? Wähle das richtige Verb aus und ergänze die Sätze. ▸▸ Resumen 2, p. 31

¿Cómo está (ahora)?
estar + adjetivo

¿Cómo es (siempre)?
ser + adjetivo

1. Elena [...] una chica tranquila. [...] buena en Mates y en Geografía e Historia. Hoy [...] lunes y Elena [...] un poco cansada, pero en Inglés [...] atenta. Y [...] contenta porque por la tarde tiene clase de baile español.
2. Javi [...] muy simpático y [...] bueno en el colegio. Hoy [...] un poco nervioso porque tiene un examen de Mates.
3. Sarah [...] muy alegre y parlanchina. Los martes Sarah [...] sola en casa. Sarah [...] buena en Inglés y en Mates. Y [...] muy deportista. Pero [...] harta de Geografía.
4. Esteban [...] harto de Mates. [...] un chico activo y un poco travieso.

4 a Describe el día de Guillermo. Escribe el texto en tu cuaderno.
Utiliza: Desde … hasta …

Ejemplo: Desde las siete y media hasta las ocho menos diez desayuna.

7:30–7:50 desayunar

8:15–9:00 ir en autobús al colegio

9:00–13:10 tener clase

14:00–14:30 comer en casa de Luis

15:00–16:30 ver la tele (con Luis)

16:30–18:00 jugar al fútbol en el polideportivo

18:00–18:20 ir a casa

19:00–21:00 hacer los deberes

21:30 cenar

b ¿Dónde está Guillermo? | Fragt euch, wo Guillermo zu welcher Tageszeit ist.

▸ p. 105

¿Dónde está Guillermo por la mañana?

Primero está en casa. Después …

por la mañana
a la hora de comer
por la tarde
por la noche

5 Los domingos son diferentes: Describe lo que hace Javi durante la semana y lo que hace los domingos.

1. desayunar solo / con sus padres

2. ir al colegio / estar en la cama

3. hacer deberes / estar en la piscina

4. tocar la guitarra / salir con amigos

5. cenar en casa / cenar en un restaurante

6. ir a la cama / ver la tele

Ejemplo: Durante la semana Javi desayuna solo a las siete y cuarto, pero los domingos desayuna con sus padres a las diez y media.

6 Pregunta a tu compañero / compañera: ¿Qué cosas hay en la mesa? Utilizad: ¿cuántos / cuántas?. | Fragt euch gegenseitig, wie viele von den Sachen ihr auf dem Tisch seht.

▸ p. 106

¿Cuántos vasos hay?

Hay [...] vasos.

ANÍMATE

Test ¿Eres una persona activa?

1 Es el cumpleaños de tu amigo/-a y tú
- a organizas una fiesta sorpresa.
- b compras un regalo bonito.
- c prefieres leer una revista en casa.

2 Para ti hacer deporte es
- a genial.
- b divertido.
- c aburrido.

3 Sales con tus amigos. ¿Quién organiza la tarde?
- a Casi siempre tú.
- b A veces tú, a veces tus amigos.
- c Casi siempre tus amigos.

4 ¿Qué actividad prefieres?
- a Ir a la piscina.
- b Tomar un helado con tus amigos.
- c Ver la tele.

5 Tu animal favorito es
- a el perro.
- b el gato.
- c la tortuga.

6 Es tu cumpleaños. Tu regalo favorito es
- a una bici.
- b dos entradas para el concierto de tu cantante[1] favorito.
- c un móvil.

7 En tu tiempo libre prefieres
- a hacer deporte.
- b quedar con tus amigos.
- c estar frente al ordenador.

8 Llamas a tu amigo/-a y quedas con él / ella
- a en el polideportivo.
- b en la heladería.
- c en tu casa.

1 el/la cantante *Sängerin*
2 entero/-a *ganz*
3 sin *ohne*
4 si *hier ob*
5 hasta *hier sogar*

Resultado

- a Eres una persona muy activa. Salir con amigos y hacer deporte son tus actividades favoritas. Estar un día entero[2] en casa sin[3] salir es muy aburrido para ti.
- b Eres una persona muy flexible – no importa si[4] tus amigos quieren pasear en bici o ver un DVD: tú siempre estás con ellos.
- c Escuchar música, ver la tele, jugar con el ordenador ... Puedes estar solo/-a sin problemas. A veces hasta[5] no piensas en quedar con tus amigos y salir con ellos.

■■■ ALGO PARA LEER

1 a Arbeitet in 2 Gruppen: Gruppe A liest 1–6, Gruppe B liest 7–8 und die Auswertung des Tests (Resultado).

b Arbeitet zu zweit weiter: eine/r aus Gruppe A, eine/r aus Gruppe B. Helft euch gegenseitig, die Fragen und die Auswertung zu verstehen. Dann macht jede/r den Test.

c Auf wie viele in der Klasse trifft a, b oder c der Auswertung zu?

1

2

3

4

5

6

7

■■■ ESPAÑA EN DIRECTO

1 Escucha y relaciona los textos a las fotos: ¿dónde están los chicos?

1|21

¿QUÉ LLEVAS HOY?

¡ACÉRCATE!

1|22

1

La ropa

a

la chaqueta

b

la camisa de manga larga

d

la gorra roja

e

los zapatos negros

f

el vestido amarillo

g

los vaqueros azules

2

k

el chándal

Hier lernst du
- über Kleidung und Farben zu sprechen

c

los pantalones

ch

la camiseta de manga corta

h

la falda blanca

i

el jersey verde

j

las zapatillas de deporte

COMPRENDER

1 Busca en las páginas cosas blancas, amarillas, rojas,verdes, azules y negras. (22|2)

Nina, busca cosas blancas.

¡La camisa de Javi del dibujo 2 y la falda de la foto h! [...]

2 Mira los dibujos y escucha el diálogo. ¿De quién hablan? (1|23)

En el texto 1 es [...] En el texto 2 es [...] En el texto 3 es [...]

3 Mira a los chicos y pregunta a tu compañero / tu compañera. Él / Ella contesta.

¿Quién	lleva	zapatillas nuevas? pantalones negros? [...]?
¿Cómo	es la [...] de Sarah? son las [...] de Sarah?	
	está Javi?	

Es [...].

ESCUCHAR

4 Escucha la canción y apunta: ¿qué ropa hay? | Notiere mindestens vier Kleidungsstücke in deinem Heft.

1|24

▸ p. 106

VOCABULARIO

5 Apunta palabras para describir ropa. | Schreibe eine Liste mit Wörtern, um Kleidung zu beschreiben.

ropa	colores	adjetivos
los vaqueros	azules	(muy) bonitos

HABLAR

6 Dibuja tu ropa favorita con tu color favorito y presenta la ropa a tu compañero / tu compañera. | Zeichne dein Lieblingskleidungsstück in deiner Lieblingsfarbe und beschreibe es deinem Mitschüler / deiner Mitschülerin.

Mi color favorito es el azul y mi ropa favorita son unos vaqueros azules.

Mi color favorito es también el azul. Mi ropa favorita es una chaqueta azul.

▸ 22|1

7 Apunta en una tarjeta: ¿qué llevas hoy? | Mischt die Kärtchen und spielt ein Ratespiel wie im Beispiel.

- un jersey azul
- vaqueros
- zapatillas blancas

Lleva un jersey azul, vaqueros y zapatillas blancas. ¿Quién es?

¡Es Katharina!

8 Pregunta a tu compañero / tu compañera. Él / Ella contesta.

▸ p. 106

¿Qué llevas
- para ir al cumpleaños de tu abuela?
- para hacer deporte?
- para salir con el perro?
- para salir con tus amigos?

Para hacer deporte llevo [...]

YA LO SÉ

▸ 23|4

9 Zeichne ein Mädchen / einen Jungen wie im Beispiel und beschreibe dein ideales Outfit. Nutze deine Liste aus Aufgabe 5.

Hier lernst du
- zu sagen, was du (nicht) magst

NO ME GUSTA LA ROPA ELEGANTE

1|25

1 Escucha el diálogo. | Höre dir das Gespräch an und sprich leise mit.

Madre: Jorge, date prisa … ¿estás listo?
Jorge: Bueno … ahora voy …

Diez minutos después:
Madre: Jorge … pero, ¿qué haces? ¿Qué te pasa, chico? Oye, así no puedes ir a la fiesta de la abuela: vaqueros azules con camisa roja y chaqueta blanca … ¿Por qué llevas esos vaqueros? ¡Además son viejos!
Jorge: Me gustan los vaqueros viejos. Y también me gusta la chaqueta blanca.
Madre: ¿Y esa camisa?
Jorge: Mola mucho.
Madre: Bueno, a mí también me gusta, pero … prefiero la camisa blanca. Está de moda y es muy elegante.
Jorge: No me gusta el color. Y no me gusta la ropa elegante.
Madre: Oye, Jorge, ¿qué quieres?

1|26

2 Escucha, lee y repite. | Höre zu und lies mit.
Da, wo eine Lücke ist, hörst du zuerst zu und sprichst dann nach.

1.
Ana: ¿[…] la camiseta?
Inés: Sí, […]. Pero […]. La chaqueta es bonita.
Ana: Sí, […].

2.
Carlos: Mira esos vaqueros, […] mucho los vaqueros rojos.
Jorge: Sí, […]. Y los pantalones negros, ¿[…]?
Carlos: […], pero son muy grandes.

1|27
24|2

3 a Escucha y mira los dibujos. Cierra el libro. ¿Qué palabras recuerdas? | Höre zu und schaue dir die Zeichnungen an. Dann schließe das Buch und nenne alle Kleidungsstücke, an die du dich erinnerst.

¿Te gusta …?

la chaqueta amarilla

el vestido verde

la gorra roja

la falda negra

el jersey azul

¿Te gustan …?

los pantalones blancos

los vaqueros azules

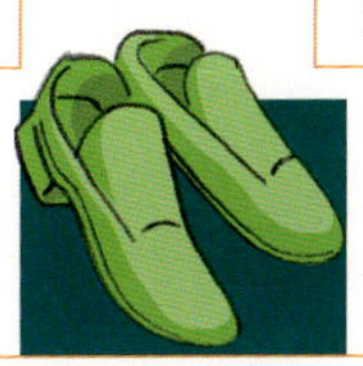
los zapatos verdes

las zapatillas de deporte

las gafas de sol

b ¿Qué te gusta? ¿Qué no te gusta? Pregunta a tu compañero / compañera. Él / ella contesta.

¿Te gusta la camiseta / el jersey / [...] del chico / de la chica?

¿Te gustan los vaqueros / las zapatillas / [...] azules / [...]?

Sí, me gusta (también).
Sí, me gustan.

Es (muy) bonito / bonita / elegante / [...].
Son bonitos / bonitas / elegantes.

No, no me gusta.
No, no me gustan.

Es feo / fea.
Son feos / feas.

Prefiero ...

4 Organizad un desfile de moda. | Organisiert eine Modenschau: Sucht euch zu Hause Kleidung aus und bringt sie mit in die Klasse. Ein/e Mitschüler/in erklärt, was der / die andere trägt.

Daniel lleva una camiseta de un club de fútbol. Es azul y roja. Además, lleva una gorra muy bonita y unos pantalones muy elegantes. Sus zapatillas son rojas. ¡Me gustan mucho!

TEXTO

LA FALDA VERDE

Hier lernst du
- zu sagen, was du (nicht) gerne trägst,
- zu sagen, was du gerne tust.

1|28

Esta noche hay fiesta en el barrio San Blas. Sarah, Esteban y Javi quieren pasar por casa de Elena porque quieren ir a ver los fuegos artificiales con ella y su madre. Los chicos tienen una idea genial: llevar ropa muy original.
Sarah lleva unas gafas de sol muy grandes y «muy monas», como dice ella. Esteban lleva unos pantalones, una camisa de manga larga, una chaqueta y un sombrero. Y Javi … pues Javi lleva ropa negra. «Tu ropa mola mucho» – dicen Sarah y Esteban.
Elena está en su habitación. Tiene prisa porque en quince minutos llegan sus amigos y todavía no encuentra su falda verde. Hoy quiere llevar esa falda con su gorra verde y unas zapatillas verdes también. A Elena le gusta mucho llevar ropa verde. Va muy bien con su pelo castaño y con sus ojos – dice ella.
Pero, ¿dónde está la falda? Busca en el armario, en el montón de ropa encima del sillón y al lado de su cama. Hum, seguro que su madre sabe dónde está. Elena le pregunta: «Mamá, ¿sabes dónde está mi falda?» «En la lavadora» – contesta su madre. «No, esa falda es la blanca».
«Entonces, ¿qué hago?» – piensa Elena. «Bueno, primero ordeno un poco mi habitación y después vamos a ver … ¡La falda tiene que estar por aquí, en esta habitación!» Pero ya llegan sus amigos y ellos quieren salir en seguida para ir a la fiesta.
«Elena, ¿estás lista?» – preguntan. Pues no, Elena no está lista.

La madre entra con unos pantalones en la mano: «¿Por qué no llevas estos vaqueros blancos? Están de moda. ¿No te gustan?» «Bueno» – piensa Elena – «ahora, ¿qué le digo? Sí, los vaqueros me gustan y están de moda, pero son blancos y hoy quiero llevar ropa verde. Sin la falda verde no salgo con mis amigos, prefiero ver la tele en casa».
De repente su madre le dice: «Elena, esas revistas, sí, mira, ahí encima de la cama, ¿no son de tu padre?» Elena mira primero a su madre, después ve las revistas y debajo de las revistas ve una cosa verde. Ahora Elena está muy contenta.

COMPRENDER

DELE **1 a** **Lee el texto y busca la respuesta correcta. Apunta la letra de la solución en tu cuaderno. | Die Buchstaben der richtigen Antworten ergeben ein Wort.**

26|1

1. A Elena …
   - **f** le gustan las zapatillas de Esteban.
   - **g** le gusta la ropa verde.
   - **o** le gustan las faldas blancas.
2. Esta noche …
   - **u** hay una fiesta en casa de Javi.
   - **r** Elena no quiere salir.
   - **a** hay una fiesta en el barrio San Blas.
3. Los chicos quieren llevar ropa …
   - **l** elegante.
   - **s** fea.
   - **f** original.
4. Los amigos de Elena tienen …
   - **a** prisa.
   - **m** hambre y sed.
   - **i** ganas de ver una película.
5. La madre de Elena …
   - **s** descubre las revistas del padre en la habitación de Elena.
   - **o** lleva una camiseta verde y unos vaqueros blancos.
   - **a** no quiere ir con los chicos a la fiesta.

b Completa las frases con tres soluciones como en el ejercicio **1a** para tu compañero/-a. | Schreibe drei mögliche Antworten wie in Aufgabe **1a** auf einen Zettel. Tauscht die Aufgaben aus.

1. Sarah lleva …	2. En la lavadora …	3. Los pantalones blancos …	4. La falda verde …
a […]	a […]	a […]	a […]
b […]	b […]	b […]	b […]
c […]	c […]	c […]	c […]

APRENDER MEJOR

2 Einen Text gliedern

a zu welchem Textabschnitt auf Seite 41 passt die folgende Überschrift?
Elena está contenta

b Gliedert den Text auf Seite 41 in mehrere Teile und überlegt euch gemeinsam passende Überschriften. Gebt auch die Zeilen an für die Textabschnitte.

Destreza
Du kannst einen längeren Text gliedern, wenn du ihn in sinnvolle Abschnitte aufteilst und dir dafür Überschriften überlegst.

DESCUBRIR

26|3 **3 a** Lies die Sätze vor: Wann verwendest du me gusta, wann me gustan? ▸▸ Resumen 1, p. 45

Me gust**a** Me gust**an**	los vaqueros blancos. la música de Shakira. las zapatillas de Elena. la camiseta azul. el móvil de mi amigo. las naranjas. los conejos. el estuche de mi amiga.

b ¿Qué (no) te gusta? Cuenta tú y utiliza: (no) me gusta y (no) me gustan.

No me gustan los bocadillos de queso.

27|5 **4 a** Relaciona. | Welche Teile passen zusammen? Ordne zu. ▸▸ Resumen 2, p. 45

1 A ti
2 A mí
3 A él
4 A Sarah

a me gusta
b le gusta
c te gusta
d le gusta

1|29 **b** Escucha las frases. | Höre dir die Sätze an und überprüfe deine Lösung.

ESCUCHAR

1|30

5 a ¿Qué dicen los chicos? Apunta los nombres en tu cuaderno. Escucha y relaciona las actividades. | Schreibe die Namen in dein Heft. Dann höre zu und notiere, welche Aktivitäten die Kinder nennen.

Ejemplo: Roberto: Me gusta hacer deporte.
Noemi: [...]

tomar fotos

bailar

Roberto

Noemi

cantar

hacer deporte

chatear

dibujar

Manolo

Vera

ver la tele

leer

b Pregunta a tu compañero / a tu compañera sobre los chicos. Él / Ella contesta.

¿A Roberto le gusta cantar?

No, no le gusta. A Roberto le gusta [...].
Y a Noemi, ¿a ella le gusta [...]?

HABLAR

6 a Preparad una encuesta en clase: cada alumno / alumna apunta en una tarjeta tres ejemplos para contestar a la pregunta: ¿Qué (no) te gusta?

Me gusta No me gusta Me gustan No me gustan	el fútbol. los animales. ver la tele. ir a la piscina. la música de .... tocar la guitarra. salir con mi perro. cantar en un coro. chatear con mis amigos. ...	Prefiero [...]

A mí me gusta el deporte.

b Pregunta a tus compañeros/-as de clase. | Geht im Klassenraum umher und befragt euch gegenseitig zu euren Hobbies.

A mí me gustan los perros.
Y a ti, ¿también te gustan?

Sí, me gustan. Pero también me gustan ...

No, no me gustan. A mí me gusta ir al cine.

c Stellt die Ergebnisse eurer Umfrage der Klasse vor.
Ejemplo: A Sven le gusta ver la tele y a Benno también. Pero a Benno no le gusta el fútbol.

28|9 **7 a** Relaciona. ▸▸ Resumen 3, p. 45
Ejemplo: estas camisetas

estos	camisetas	esas	vestido
este	jersey	ese	pantalones
estas	chaqueta	esa	gafas
esta	vaqueros	esos	falda

▸ p. 107

b ¿Qué prefieres? Haced diálogos como en el ejemplo.

Ejemplo: ¿Te gusta este vestido?
No, no me gusta mucho. Prefiero ese de ahí.

8 Inventad un diálogo entre amigos y representad la escena en clase. Utilizad:

¡Hola! ¿Vamos? (No) estoy listo/-a. Quiero llevar [...].
¿Por qué no llevas [...]? ¿Te gusta/n? (No) me gusta/n. ¡Qué guapo/-a estás!
está de moda va bien con [...] ¡Date prisa! ¡Qué feo! ¡Qué bonito!

A Du holst deine/n Freund/in ab und möchtest sofort losgehen. Sein/Ihr roter Pulli gefällt dir nicht. Du schlägst ihm/ihr vor, eine Jeans und ein blaues T-Shirt zu tragen, da die Farbe gut zu seinen/ihren Augen passt und gerade „in" ist.

B Dein/e Freund/in holt dich ab. Du bist noch nicht fertig. Du möchtest einen roten Pulli tragen und fragst, ob er deinem/-r Freund/in gefällt. Wenn dein/e Freund/in dir vorschlägt, was du tragen sollst, probierst du es an. Dir gefällt der Vorschlag und ihr geht los.

PUNTO FINAL 3

9 a Du möchtest dich in einem spanischen Schüler-Netzwerk anmelden. Schreibe am Computer dein Profil. Lass das Feld für den Namen frei.

b Hängt eure Profile im Klassenzimmer auf. Jede/r sucht sich ein Profil aus, geht umher und stellt Fragen, bis ihr wisst, zu wem das Profil gehört.

nombre:
edad:
color/es favorito/s:
ropa favorita:
A mí me gusta:

RESUMEN DE GRAMÁTICA

1 El verbo gustar | Das Verb gustar

Me gusta**a**	cantar. comprar ropa azul. salir con mis amigos.

Me gust**a**	**la** horchata. **la** tortilla de patatas. **el** perro de Sarah.	Me gust**an**	**los** bocadillos. **los** libros de historia. **las** camisetas de Javi.

2 El pronombre de complemento indirecto en singular | Das indirekte Objektpronomen im Singular

a mí:	La profesora	**me**	pregunta algo.
a ti:	¿Y	**te**	pregunta también?
a él / a ella:	Hoy	**le**	pregunta mucho.

3 Los determinantes demostrativos este y ese | Die Demonstrativbegleiter este und ese

singular	est**e** libr**o** es**e** libr**o**	est**a** plum**a** es**a** plum**a**
plural	est**os** libr**os** es**os** libr**os**	est**as** plum**as** es**as** plum**as**

4 El verbo decir | Das Verb decir

	decir	
¿Qué le	**digo**	a mi madre?
Pues le	d**i**ces	todo.
Javi	d**i**ce	algo en la clase.
¿Qué le	decimos	al profesor?
Y vosotros, ¿qué	decís	?
¿Y qué	d**i**cen	los profesores?

EJERCICIOS FACULTATIVOS

1|31

1 a Escucha el trabalenguas.

Rosa Rosales
corta[1] una rosa[2].
¡Qué roja la rosa
de Rosa Rosales!

1 cortar *hier pflücken*
2 la rosa *Rose*

b Repite el trabalenguas.

2 Describe la ropa en el amario. | Schreibe in dein Heft, was im Schrank hängt.

En el armario hay dos vaqueros azules, tres [...]

3 Relaciona y apunta las expresiones en tu cuaderno. | Suche die richtigen Verbindungen und schreibe sie in dein Heft.

tener | llevar | ordenar | estar | salir | pasar | ir | ver | decir

prisa | el armario | de moda | una cosa verde | listo/-a | los fuegos artificiales | la verdad | en la lavadora | ropa muy original | por casa de … | en seguida | muy bien con …

4 a El verbo decir. Busca en el texto (p. 41) las formas correspondientes del verbo. | Suche im Text die passende Form des Verbs. ▶▶ Resumen 4, p. 46

1. Sarah [...]: «Mis gafas de sol son muy monas.»
2. Sarah y Esteban [...]: «Tu ropa mola mucho.»
3. Sarah piensa: «Bueno, ahora, ¿qué le [...]?

▶ 28|8

b El verbo decir. Completa las frases.

1. – Entonces, ¿qué le [...] (yo)?
   – Pues no sé.
2. – Y, ¿qué [...] (tú)? ¿Te gusta la idea?
   – ¡Claro!
3. – Y vosotros, ¿qué [...]?
   – ¡Pues vamos a ver!
4. – Javi [...] algo en la clase de Matemáticas.
5. – ¿Qué le [...] (nosotros) al profesor? ¿Una cosa graciosa?
   – ¡No, qué va!
6. – Sarah y Elena [...] una palabra en Inglés.

5 **Completa las frases con los pronombres de complemento directo**

me te le

1. (a mí): Mis abuelos siempre [...] preguntan un montón de cosas.
2. (a él): Esteban vive en España y [...] gusta.
3. (a ti): La profesora [...] pregunta otra vez.
4. (a ella): ¿Por qué no [...] dices todo?
5. (a mí): El chico no [...] dice «hola».
6. (a ti): ¿[...] gustan los animales?

28|9 **6** **Elige el determinante demostrativo correcto y completa las frases. | Wähle den richtigen Demonstrativbegleiter aus und ergänze die Sätze.**

este / ese	esta / esa
estos / esos	estas / esas

[...] revistas de ahí son de tus hermanas.

¡[...] falda verde me gusta mucho!

¡[...] vaqueros son muy bonitos!

Mira, [...] chicos de ahí, ¿son nuevos?

Oye, Esteban, ¿[...] estuche aquí es de Javi?

[...] bocadillo es para ti.

7 ¿Estos aquí o esos de ahí? | Ihr steht vor einem Schaufenster. **A** macht Vorschläge. **B** antwortet.

¿Te gusta ¿Te gustan	este esta estos estas	pantalones? zapatillas de deporte? chaqueta? camiseta? vaqueros? jersey?

No sé. No me gusta/n. El color no me gusta. El color no va bien con mis ojos.	Prefiero	ese esa esos esas	de ahí.

REPASO 1 UNIDADES 1–3

Hier kannst du die Vokabeln und die Grammatik wiederholen, die du in den Unidades 1–3 gelernt hast.
Das Arbeitsblatt zu Repaso 1 findest du unter www.cornelsen.de/webcodes APU-1-106

ESCUCHAR

1|32

1 **Apunta el cuadro en tu cuaderno. Después escucha y completa el cuadro con la información.**

corredor/a[1]	¿De dónde es?	¿Qué número tiene?	¿A qué hora llega a la meta[2]?
Pablo Gomero	[...]	[...]	[...]
Juan Rivera	[...]	[...]	[...]
Gabriela López	[...]	[...]	
Claudia García	[...		

1 el/la corredor/a *Läufer/in*
2 la meta *Ziel*

PRACTICAR

DELE **2** **Completa con una forma de ser o estar.** ▸▸ Resumen 2, p. 31

1. María [...] muy buena en Lengua y Literatura, pero hoy no [...] atenta en clase.
2. Ella [...] nerviosa porque hoy tiene un examen de Mates.
3. Felipe [...] un chico muy simpático. Hoy [...] muy contento porque va con su amigo Rafa al cine.
4. Hoy Lucía [...] sola en casa porque sus padres están en el museo.
5. Pedro: «Berlín [...] una ciudad grande. [...] mi ciudad favorita».
6. Hoy Raúl [...] muy cansado después de la clase de Educación Física.
7. Emilia [...] de Barcelona, pero vive en Alicante.
8. Hoy Rodrigo [...] harto de su hermana.

3 **Lee las respuestas. Escribe las preguntas y las respuestas en tu cuaderno como en el ejemplo.**

Ejemplo: 1. ¿Cómo estás? – Estoy muy bien.

1. Estoy muy bien.
2. Hay 31 alumnos en la clase.
3. Por la tarde, porque ahora tengo que hacer los deberes.
4. A las siete y media empieza la película.
5. Vivo en Salamanca, en España.
6. Porque estoy muy cansada.
7. Jorge, Raúl y Virginia van a la fiesta de mi primo.
8. Voy al partido de fútbol.
9. Es simpático y también muy deportista.

DELE **4** **Completa el texto con las preposiciones a, en, de, para, por, conmigo, contigo, hasta.**

Mariana vive [...] Ñuñoa, un barrio [...] Santiago de Chile. [...] Mariana Ñuñoa es un barrio muy divertido. [...] la tarde, después [...] las clases, Mariana y su amiga Carolina quedan siempre [...] la Plaza Ñuñoa. Ahí las chicas cuentan chistes, ven chicos y chicas pasar o charlan [...] la noche. «Esta plaza me gusta» – dice Mariana – «porque aquí siempre hay un montón [...] chicos y chicas. Las chicas son mis amigas, pero los chicos no hablan [...]. Pero, Carolina, [...] sí hablan, ¿o no?» «¿Los chicos? … ¡Bah!» – le dice Carolina [...] Mariana – . «Además, esta plaza sólo me gusta porque luego vamos [...] la heladería de aquí cerca. Ahí siempre tomo mi helado favorito: ¡helado [...] chocolate[1]!»

1 el chocolate *Schokolade*

5 **A jugar. | Bildet einen Kreis. Ein/e Schüler/in nennt eine Zahl mit zwei Ziffern. Der/die Nächste nennt eine weitere Zahl, die mit der letzten Ziffer der vorherigen Zahl beginnt.**

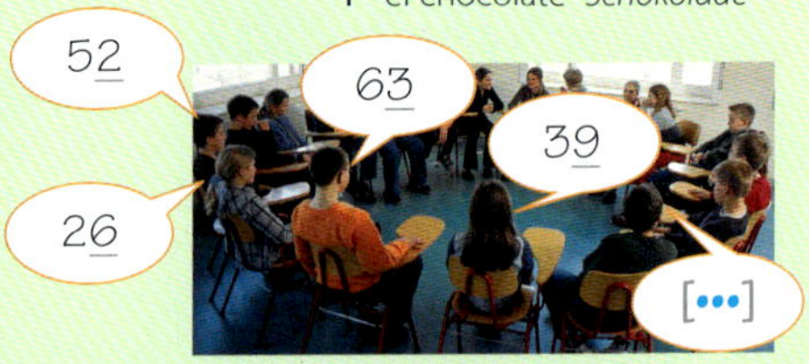

6 Completa las frases de Javi con una forma de este / esta, ese / esa. ▶▶ Resumen 3, p. 45

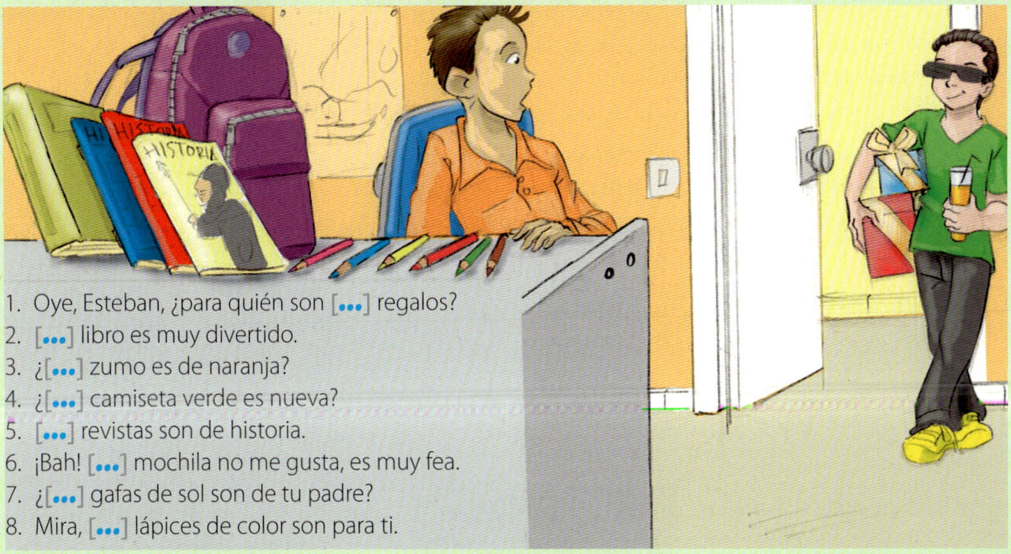

1. Oye, Esteban, ¿para quién son [...] regalos?
2. [...] libro es muy divertido.
3. ¿[...] zumo es de naranja?
4. ¿[...] camiseta verde es nueva?
5. [...] revistas son de historia.
6. ¡Bah! [...] mochila no me gusta, es muy fea.
7. ¿[...] gafas de sol son de tu padre?
8. Mira, [...] lápices de color son para ti.

7 **Ordena las frases en tu cuaderno como en el ejemplo.**

Ejemplo: 1. Hoy es mi cumpleaños.

1. es – cumpleaños – hoy – mi
2. buena – Geografía – en – muy – e – soy – Historia
3. las – museo – el – quedamos – media – en – a – siete – y
4. siempre – azules – vaqueros – llevo – casi
5. nuevas – son – estas – clase – chicas – las – de – la
6. Esteban – fuegos – a – gustan – le – los – artificiales

VOCABULARIO

8 a **Apunta dos mapas mentales en tu cuaderno.** ▶▶ Resumen 1, p. 45
Ejemplo:

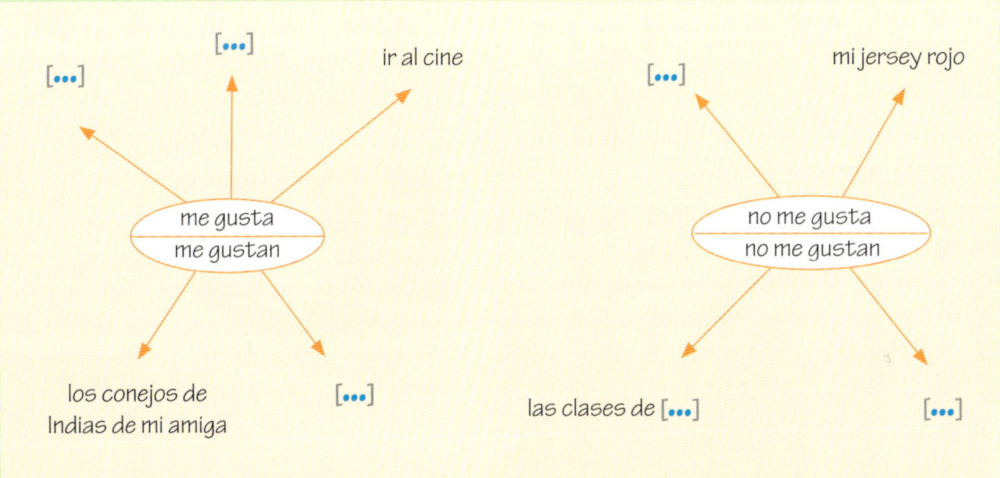

b **Ahora presenta a un/a compañero/-a.** ▶▶ Resumen 2, p. 45

Ejemplo: A Julia le gusta bailar. También le gustan su estuche nuevo y su perro. Pero no le gustan las películas de «Harry Potter».

EL DÍA DE LA COMIDA SANA

¡ACÉRCATE!

1|33 La próxima semana es «el día de la comida sana» en el colegio. Para empezar los chicos preparan un cartel para la clase con su desayuno favorito.

Nombre: Elena Méndez Álvarez
Clase: 1° ESO

Un desayuno perfecto para mí es:

¡Qué rico!

zumo de manzana,

cereales

y fruta: por ejemplo, un plátano, una pera o un melocotón.

¡Qué sano!

Nombre: Javier del Río Ferrer
Clase: 1° ESO

¡Mi desayuno favorito!

A mí me gustan mucho las cosas dulces y siempre desayuno:

¡Qué rico!

cruasanes, galletas,
tostadas con mantequilla,
a veces con mermelada,
y leche o Cola Cao.
¡Es un desayuno estupendo!

¡Hum!

Hier lernst du
- über dein Frühstück zu sprechen

Nombre: Esteban Quesada Rojas
Clase: 1° ESO

Mi desayuno favorito es un desayuno típico de Costa Rica con:

queso, pan y gallo pinto con huevos (es un plato de arroz y frijoles). Mi mamá siempre prepara gallo pinto los fines de semana.

¡Viva Costa Rica!

Nombre: Sarah Brinkmann
Clase: 1° ESO

¡Mi desayuno favorito!

Nosotros desayunamos como en Alemania:

embutido,

pan,

mantequilla y

mermelada. Y siempre bebo leche.

¡Qué bueno!

COMPRENDER

32|1

1 a ¿Qué toman Elena, Javier, Esteban y Sarah para desayunar? Formula preguntas para tus compañeros. Ellos contestan. | Was frühstücken die vier? Stelle deinen Mitschüler/innen Fragen. Sie antworten.

¿Quién toma Cola Cao?
¡Javier!

p. 107

b ¿Qué (no) te gusta a ti? Mira los carteles y contesta. | Was magst du (nicht)? Schaue dir die Plakate an und erzähle.

Para desayunar	también me gusta/n no me gusta/n prefiero tomo	[...]

ESCUCHAR Y REPETIR

1|34

2 a Escucha y lee en voz baja. | Höre zu und lies leise mit.

El desayuno perfecto:
una tostada con mantequilla
y, claro, mi mermelada favorita
un huevo y fruta:
por ejemplo un melocotón – ¡qué rico!
un vaso de leche y un zumo de manzana …
¡perfecto!

1|34

b Escucha otra vez y repite.

VOCABULARIO

32|2

3 a Busca las palabras en las páginas 50/51. | Finde die Wörter auf den Seiten 50/51 und schreibe sie mit dem bestimmten Artikel in dein Heft.

d s y n e a u o   m n t q ll a e u i a
m l c t n e o o ó   m n z n a a a   c r l s e e a e
l c h e e   h v u e o   m b t d s e u i o

b Ordena las palabras de **3a** en un mapa mental.

c Completa tu mapa mental con más palabras del texto.

4 Busca en las páginas 50/51 expresiones para hablar sobre tu desayuno. Apúntalas en tarjetas.

Prefiero un desayuno sano con [...].

Un desayuno perfecto para mí es: [...].

Nosotros desayunamos todos los fines de semana [...].

ESCUCHAR

1|35

5 a Por la mañana en casa de Javi. ¿Correcto o falso? Escucha y apunta c o f. | Höre zu und schreibe ein c, wenn die Aussage richtig ist und ein f, wenn sie falsch ist.

1. Son las ocho y cuarto.
2. Para el desayuno hay galletas y Cola Cao.
3. También hay un zumo de manzana.
4. Hoy Javi quiere un desayuno alemán.
5. La madre prepara un bocadillo de jamón para Javi.
6. Para beber prefiere un vaso de leche.

b Corrige las frases falsas.

No son las [...]. Son las ocho y [...]

YA LO SÉ

6 a ¿Qué desayunas durante la semana? ¿Y los fines de semana? Habla con tu compañero/-a. Él / ella toma apuntes.

Durante la semana Los fines de semana	desayuno / tomo me gusta tomar	[...]

b Presenta el desayuno de tu compañero/-a.

Hier lernst du
- zu sagen, was du tun wirst

¿QUÉ VAMOS A HACER?

1|36

1 Escucha el diálogo. | Carlos möchte sich mit Jorge verabreden, aber der hat andere Pläne. Höre dir das Gespräch an und sprich leise mit.

Carlos: Mira Jorge, ¿vamos a la piscina esta tarde?
Jorge: Buena idea, pero no puedo. Voy a ir a casa de Ana.
Carlos: ¿Vais a estudiar juntos?
Jorge: Bueno, vamos a organizar el día de la comida sana. ¿Dónde está mi estuche? También voy a llevar mi cuaderno.
Carlos: ¿El día de la comida sana? ¿Qué es eso?
Jorge: Pues, vamos a hablar sobre comida sana y en grupos vamos a preparar una comida.
Carlos: Vale. Y mañana por la tarde, ¿vas a ir al polideportivo?
Jorge: Sí, voy a ir, – ¿y después vamos a tomar un helado?
Carlos: ¡Estupendo!

1|37
34|4

2 Escucha, lee y repite. | Höre zu und lies mit. Da, wo eine Lücke ist, hörst du zuerst zu und sprichst dann nach.

1.
Inés: Hola Ana, ¿qué tal? ¿[...] mañana?
Ana: Mañana no puedo. [...] con Jorge.
Inés: ¿Y [...] después?
Ana: Después [...].

2.
Inés: Hola Carlos, ¿[...] esta tarde?
Carlos: Sí, con Rafa y Pepe. Mis primos también [...]. ¿Vamos juntos?
Inés: ¡Perfecto!

33|2

3 Pregunta a tu compañero / compañera: ¿Qué vas a hacer el fin de semana?

¿Qué vas a hacer el sábado?

El sábado / el domingo Por la mañana Por la tarde Primero Después	voy a vamos a	quedar con [...]. ir a la piscina / al mercado / al cine. ver un partido de fútbol / una película en la tele. leer un libro / una revista. llamar a [...]. ordenar mi habitación. visitar a mis abuelos. desayunar con mis padres. comer / cenar en casa de [...].

LA LISTA DE LA COMPRA

Hier lernst du
- Mengen anzugeben (Lebensmittel)
- auf dem Markt einzukaufen

1|38

1 a Jorge y Ana quieren hacer la compra para un desayuno sano. | Höre zu und lies leise mit.

Jorge: ¿Qué vamos a hacer para el día de la comida sana?
Ana: Tengo una idea.
¿Por qué no preparamos un desayuno muy sano?
Jorge: ¡Estupendo! ¿Qué necesitamos?
Ana: Bueno, hacemos una lista.
Apunta: una botella de zumo.
Jorge: ¿Zumo de manzana o zumo de naranja?
Ana: Zumo de naranja. Tiene muchas vitaminas.
Jorge: Vale, y un paquete de cereales …
Ana: … y un litro de leche. ¿Compramos también fruta?
Jorge: Sí, cinco plátanos y medio kilo de manzanas.
Ana: Perfecto: Vamos a tener leche, zumo de naranja,
fruta y cereales. ¡Qué desayuno más sano!

▸ p. 107

b Escucha y repite. | Höre zu und sprich nach, was die beiden kaufen werden.

Vamos a comprar …

una botella de | un litro de | cinco | un paquete de | medio kilo de

c Escucha otra vez y haz la lista de la compra.

35|4 **2 a** ¿Qué vas a comprar tú para el día de la comida sana? Apunta todo en una lista.

b Erzähle den Anderen, was du einkaufen wirst.

TEXTO

¿QUÉ VAMOS A COMPRAR?

Hier lernst du
- über deine Pläne zu sprechen
- zu fragen, wieviel etwas kostet

1|39 1|40

Los chicos van a casa de Elena porque tienen que preparar algo para «el día de la comida sana» que van a organizar en el cole el próximo viernes. «¿Por qué no compramos hamburguesas con patatas fritas?», pregunta Javi. «¡No!», contestan sus amigos, «Javi, la comida que a ti te gusta ¡no siempre es sana!»

Javi no está de acuerdo: las hamburguesas tienen lechuga y tomate, y la lechuga y el tomate son verduras que tienen muchas vitaminas. Y las patatas también son verduras, ¿o no? ¡Entonces las patatas fritas también son sanas! Además, en casa de Javi comen mucha carne y son muy sanos. A su abuelo le gusta mucho el jamón y ya tiene 60 años.

Javi está contento y mira a sus amigos que ahora están bastante perplejos. «Javi, mira en tu libro de Ciencias: las cosas fritas, como las patatas y las hamburguesas, tienen mucha grasa y pocas vitaminas», le contesta Esteban. «No importa», dice Javi, que no tiene ganas de escuchar los argumentos de sus amigos.

Menos mal que Elena vuelve de la cocina con una botella de zumo de fruta. Hum, muy bueno el zumo. Sobre todo le gusta a Javi, que toma la botella y lee «*Las frutas son sanas*. Eso también dice mi madre. ¡Entonces un pastel de frutas también es sano!» «Bueno», contesta Sarah, «los pasteles tienen mucho azúcar y según la profe de Ciencias, el azúcar no es muy bueno.» «¿Cómo?», pregunta Javi. «¡Los pasteles de tu padre son muy buenos!» Él y sus amigos estallan de risa. Para los chicos, las cosas dulces son muy ricas y «¡tan malas no pueden ser!», piensan ellos. Así pasan la tarde con muchos chistes y pocos argumentos.

La madre de Elena pregunta desde la cocina: «¿Vais a cenar con nosotras? Voy a preparar una macedonia porque hace mucho calor.» ¡Genial! Una macedonia es la idea perfecta para «el día de la comida sana»: es rica, sana y barata. De repente, los cuatro chicos hablan a la vez: «Perfecto», dice Sarah, «entonces compramos dos o tres latas de macedonia.» «Pero, ¡qué dices! Una macedonia para *el día de la comida sana* tiene que ser fresca, y las frutas en lata no son frescas», contesta Elena. Y Esteban pregunta: «¿Tenemos dinero para comprar un poco de chocolate?»

- 5 manzanas, 6 naranjas, 4 peras
- 1 melón
- 4 plátanos
- un kilo de uvas
- medio kilo de melocotones
- 1 piña grande
- un litro de zumo de naranja
- un paquete (cien gramos) de chocolate

APRENDER MEJOR

1 Einen spanischen Text verstehen (II)

a Formad tres grupos. Cada grupo elige un tema y prepara un mapa mental con la información que hay en el texto (p. 55).

1. los argumentos de Javi
2. los argumentos de Elena y Esteban
3. comprar algo en el mercado

Destreza
Einen längeren Text verstehst du leichter, wenn du die wichtigen Informationen (Wörter und Sätze) erkennst.
Suche dann nur die Informationen, die zu diesen Wörtern passen.

b Cada grupo presenta en clase la información sobre su tema.

PRACTICAR

2

a Um zu sagen, wer etwas machen wird, brauchst du das Verb ir a + Infinitiv. Suche die drei Beispiele in der Zeichnung auf Seite 55 und trage sie in eine Tabelle ein. ▸▸ Resumen 1, p. 59

b Ergänze die fehlenden Verbformen von ir in der Tabelle.

	ir		
[yo]	[...]		
[tú]	[...]		[...]
[él / ella]	[...]	a	[...]
[nosotros/-as]	[...]		[...]
[vosotros/-as]	[...]		
[ellos / ellas]	[...]		

VOCABULARIO

3

a Adivina: ¿qué es?

1. Es una comida rica, sana y barata.
2. Es una fruta verde o roja.
3. Es una comida que tiene mucha grasa.
4. Lleva mucho azúcar, es negro y muy rico.
5. Puedes hacer una tortilla con ella.
6. Allí puedes comprar fruta.

Es una comida rica, sana y barata.

¡Es la macedonia!

b Formula una adivinanza para tus compañeros. | Formuliere ein Rätsel für deine Mitschüler/innen.

4

¿Qué necesitan los chicos para preparar el día de la comida sana?
¿Qué les hace falta? |
Was brauchen die Jugendlichen und was fehlt ihnen?

Los chicos necesitan mucha fruta fresca pero tienen poco dinero.

Necesitan	mucho muchos muchas	poco pocos pocas	tiempo para organizar el día. compañeros que ayudan. ideas para la comida. / fruta fresca para la macedonia.
Tienen			dinero para comprar fruta. argumentos. / días libres. / amigos con ganas de organizar el proyecto. ganas de ir al mercado.

5

a Relaciona. | Ordne zu. Was passt zusammen?

estar — pasar por — ir bien con
estallar de — salir a — volver a — estar harto/-a de

Elena — casa de [...]
de moda — risa
vaqueros — pasear
los exámenes

b Escribe dos o tres frases con las palabras de **a**.

HABLAR

6 El próximo viernes es el «día de la comida sana» en vuestro colegio. ¿Que tenéis que hacer? | Ihr habt Projektwoche, die am Freitag mit dem «el día de la comida sana» endet. Was müsst ihr alles tun?

a Verbinde die Satzteile und schreibe sie in dein Heft.

1. discutir con	a una lista de la compra.
2. hacer	b las cosas al colegio y preparar la comida.
3. preparar	c nuestra comida favorita.
4. ir al	d carteles para la clase.
5. presentar	e los compañeros y buscar una comida sana.
6. llevar	f la comida juntos en clase.
7. comer	g mercado para comprar las cosas.

b Discutid y apuntad las actividades de **a** en un calendario. | Einigt euch: wann müsst ihr die DInge aus **a** erledigen? Tragt sie in den Kalender ein.

Lunes	Martes	Miércoles	Jueves	Viernes
discutir con los compañeros y buscar ...				

c Presentad vuestro plan en clase.

El lunes vamos a discutir con los compañeros y buscar una comida sana. Después ...

7 En el recreo, Elena escucha a unos chicos. ¿Qué les dice?
Buscad argumentos en el texto y preparad respuestas. Después presentad el diálogo en clase.

Las hamburguesas son muy sanas porque llevan tomate y lechuga.
Yo como todos los días frutas porque son muy sanas.
Yo no voy a ver una película sin comer patatas fritas.
En casa preparamos una macedonia de frutas de lata porque es muy rápido.
Como todos los días carne. La carne es muy sana.

¿Cómo? Pero, ¡qué dices! La ... / Las ...
(No) Estoy de acuerdo: [...]
Tan malos/-as no pueden ser.
Además son ...
No importa. Yo también ...

8 a Apuntad vuestras comidas favoritas en la pizarra y discutid: ¿qué es sano?

- Espaguetis con salsa de tomate[1]
- ...

La salsa de tomate tiene muchas vitaminas y por eso es muy sana.

1 los espaguetis con salsa de tomate *Spaghetti mit Tomatensoße*

b Bereitet zwei Plakate vor:

Esta comida me gusta, pero no es sana:

Esta comida me gusta y además es sana:

c Präsentiere jemandem, der kein Spanisch versteht, die Plakate.
Erkläre auch, warum die Gerichte (nicht) gesund sind.

9 ¿Cuánto es? | Frage deinen Mitschüler / deine Mitschülerin nach dem Preis. Er / Sie antwortet. Wechselt euch ab.

Im Spanischen benutzt man auch die **Pluralform** von Euro:

Es un euro.
Son 3 euros.

1|41 ▸ p. 108

10 a ¿Qué dice Elena? ¿Qué dice el vendedor? Escucha y ordena las frases. Después escribe el diálogo en tu cuaderno. | Was sagt Elena, was sagt der Verkäufer? Ordne die Sätze und schreibe den Dialog in dein Heft.

el vendedor	**Elena**
[...]	Hola. Necesito medio kilo de plátanos.

- Oh, no gracias, el jamón es muy caro.
- Adiós.
- Son 3 euros con 95.
- ¿El jamón? Cien gramos son 3 euros con 20.
- Hola. Necesito medio kilo de plátanos.
- Sí, claro, aquí están las botellas.
- ¿Tiene agua?
- Gracias a ti. Adiós.
- Hola, buenos días.
- Aquí tiene. Gracias.
- Aquí tienes. ¿Y qué más?
- También quiero cien gramos de jamón. ¿Cuánto es?
- Aquí tienes. ¿Y qué más?
- Muy bien. Una botella de agua y un litro de leche, por favor.
- Es todo. ¿Cuánto es?

1|41

b Escucha el diálogo otra vez. | Höre den Dialog noch einmal und überprüfe deine Lösung.

PUNTO FINAL 4

11 a Preparad un desayuno sano y rico o una comida sana y rica con amigos. Discutid en grupos de tres sobre la comida que vais a preparar.

A mí me gusta/n [...] / Pues, yo prefiero [...]   ¿Por qué [...]? – Porque [...]
[...] tiene muchas / pocas vitaminas
[...] tiene mucho / poco azúcar / [...] tiene mucha / poca grasa.
[...] (no) es una comida rica / sana / típica / barata / cara

b Escribid una lista de la compra: ¿Qué vais a comprar? ¿Cuánto necesitáis?

c Escribid un diálogo en el mercado.

d Präsentiert euer Essen und warum ihr es gewählt habt und den Einkaufsdialog in der Klasse. Ihr könnt euch auch mit dem Handy aufnehmen und die Aufnahme abspielen.

RESUMEN DE GRAMÁTICA

1 El futuro inmediato | Das unmittelbare Futur

Mañana yo	**voy**	**a**	**hacer**	la lista de la compra.
Tú	**vas**	**a**	**preparar**	las cosas en la cocina.
Esteban	**va**	**a**	**comprar**	las frutas.
Nosotros	**vamos**	**a**	**organizar**	«el día de la comida sana».
¿Vosotros	**vais**	**a**	**ir**	a la piscina mañana?
Los chicos	**van**	**a**	**hacer**	los deberes juntos.

2 El pronombre relativo que | Das Relativpronomen que

La chica **que** lleva un jersey azul se llama Ana.
Javi lee un libro **que** es muy interesante.

3 Los determinantes mucho y poco | Die Begleiter mucho und poco

singular	much**o** poc**o**	azúcar	much**a** poc**a**	leche
plural	much**os** poc**os**	caramelos	much**as** poc**as**	galletas

4 Cantidades | Mengenangaben

Esteban quiere	**un poco**	**de**	chocolate.
La madre necesita	**un paquete**	**de**	arroz.
Sarah quiere comprar	**una lata**	**de**	macedonia.
Javi compra	**una botella**	**de**	zumo.
Sólo hay	**medio litro**	**de**	leche.
Necesito	**un litro**	**de**	leche.
Para el pastel necesitamos	**cien gramos**	**de**	azúcar.
Elena compra	**medio kilo**	**de**	ciruelas,
	tres cuartos de kilo	**de**	peras y
	dos kilos	**de**	manzanas.

4

EJERCICIOS FACULTATIVOS

1 **Relaciona y apunta las expresiones en tu cuaderno. | Suche die richtigen Verbindungen und schreibe sie in dein Heft.**

estar | **preparar** | **hacer**

la comida | los deberes | harto/-a | de moda | listo/-a | de acuerdo | un pastel de cumpleaños | la fiesta | un trato | deporte

2 37|5 **Formula preguntas como en el ejemplo.**
Tu compañero/compañera contesta. ▸▸ Resumen 2, p. 59

Ejemplo: – ¿Cómo se llama el chico que lee un libro?
– Se llama Luis.

llevar un jersey rojo
contar un chiste
leer un libro
comprar una revista
llevar una gorra
estallar de risa
estar al lado de [...]
estar entre [...] y [...]
[...]

3 **Mira los dibujos y busca las diferencias. | Sieh dir die Zeichnungen an und finde die Unterschiede. Schreibe Sätze wie im Beispiel.**

Ejemplo:
En la tienda **A** hay tres botellas de agua y en la tienda **B** hay dos botellas de agua.

una botella
una lata
medio kilo
un kilo
un litro
un paquete

de [...]

37|6 **4** Un fin de semana en casa de Elena. ¿Qué (no) van a hacer? | Was werden die einzelnen Familienmitglieder nicht tun? Was werden sie tun? ▸▸ Resumen 1, p. 59

Ejemplo: 1. No van a ordenar la habitación, pero van a ver la tele.

1

~~ordenar la habitación~~
ver la tele

2

~~trabajar~~
invitar a sus amigas

3

~~salir a la plaza~~
chatear con amigos

4

~~hacer los deberes~~
mirar las fotos de la fiesta

5

~~ordenar la cocina~~
jugar al fútbol

6

~~preparar un pastel~~
ir de compras

5 Escribe frases en tu cuaderno. | Wer findet die meisten Sätze?

La chica El chico El libro El cedé La falda Los vaqueros Los tomates La comida La peras	que	[...]	se llama Inma. se llama Pedro. es muy interesante. es de mi grupo favorito. es verde / es rica. son bonitos / sanos / muy dulces.

37|4 **6** Completa con mucho, mucha, muchos, muchas y poco, poca, pocos, pocas. ▸▸ Resumen 3, p. 59

1. Fernando tiene [...] cedés y [...] libros.

2. Los caramelos tienen [...] vitaminas y [...] azúcar.

3. Javi tiene [...] miedo del perro, por eso tiene [...] ganas de salir de casa.

4. Pablo tiene [...] relojes, pero [...] tiempo.

5. Pedro tiene [...] sed y [...] hambre.

6. Elena tiene [...] vaqueros y [...] faldas.

Facultativo

BALANCE

Hier kannst du überprüfen, welche Kompetenzen du in den Unidades 1–4 erworben hast. Das Arbeitsblatt zu Balance 1 findest du unter www.cornelsen.de/webcodes APU-1-118

COMPRENSIÓN AUDITIVA

1|42

1 Escucha y contesta las preguntas.
Tipp: Konzentriere dich beim Hören auf die Informationen, die wichtig sind, um die Fragen zu beantworten.

1. ¿Qué hora es?
2. ¿De qué quiere hablar Rodolfo con los chicos?
3. ¿Qué problema tiene Simón?
4. ¿Qué puede hacer Simón?
5. ¿Qué problema tiene Sofía?
6. ¿Qué puede hacer Sofía?

COMPRENSIÓN LECTORA

2 a Mira los dibujos: ¿qué haces tú durante el día? | Vergleiche die Aktivitäten mit deinen.

1 IES (Instituto de Educación Secundaria) *etwa Mittel- und Oberstufe*

b Lee las frases. | Ordne die Sätze sinngemäß den Aussagen zu.

1. Es ist ungesund, zu viele Süßigkeiten zu essen.
2. Man sollte fünfmal am Tag essen.
3. Sport treiben ist gut für die Gesundheit.
4. Es ist wichtig, sich vielfältig und ausgeglichen zu ernähren.
5. Um gesund zu bleiben, sollte man viel Wasser trinken.
6. Man sollte täglich Obst und Gemüse essen.

c Trabaja con tu compañero/-a. | Gib deinem/-r Klassenkameraden/-in fünf Anweisungen für eine gesunde Ernährung.

Ejemplo: *¡Come poca carne!*

EXPRESIÓN ORAL

3 a Describe a los chicos en la foto. Inventa: ¿cómo se llaman?, ¿cuántos años tienen?, ¿dónde viven?, etc. ¿Son hermanos, amigos o compañeros de colegio?

Ejemplo: La chica que lleva una camiseta roja, vaqueros y zapatillas blancas es Valentina. Tiene 12 años. Es de Barcelona, pero vive en Valencia. Es la amiga de la chica que lleva una camiseta amarilla.

b Elegid a dos chicos de la foto e inventad un diálogo. Luego presentad vuestro diálogo en clase. Elegid uno de los siguientes temas:

- hablar de los deberes para mañana
- quedar para ir al Museo del Juguete
- hablar de la ropa para la fiesta de cumpleaños

EXPRESIÓN ESCRITA

DELE

4 Mafalda y su hermano pequeño Guille están con su padre en la playa. Escribe la historia en tu cuaderno.

estar en la playa — *tomar* un helado — *llegar* un perro — *tener* miedo de — *buscar* a [...]

1 el salvavidas *Rettungsschwimmer*

MEDIACIÓN

5 Dein/e spanische/r Freund/in ist zu Besuch. Heute Morgen liegen drei Nachrichten von deinen Eltern in der Küche. Erkläre deinem/-r Freund/in, was auf ihnen steht.

Wir kommen um drei Uhr zurück. Tante Karin macht heute das Mittagessen. Bis dann!

Guten Morgen! Das Frühstück steht in der Küche: Es gibt Müsli, Brot, Käse und Orangensaft.

Wir kommen heute Abend um sechs Uhr nach Hause und gehen dann mit euch ins Kino in den Harry-Potter-Film.

Facultativo

ANÍMATE

ESPAÑA EN DIRECTO

1 a Ein Freund / eine Freundin will wissen,
- was *chuches* sind,
- was die Wörter in rot bedeuten.

b Erkläre einem Freund / einer Freundin: Wofür wirbt dieses Plakat?

1|43

UNA FAMILIA TICA

Costa Rica es un país[1] bastante pequeño de Centroamérica con muchas playas y muchos parques nacionales. La gente[2] de Costa Rica se llama «tica» porque dice «tico» o «tica» al final de muchas palabras, por ejemplo, «pequeñitico». La capital es San José y está en el centro del país. Allí, en el barrio Amón, vive la familia Torres Marín. Los hijos se llaman Carlos (15), Laura (13) y Luis (11).
Los padres tienen una pulpería. Así se llama una tienda pequeña en Costa Rica. Allí puedes comprar helados, chocolate, revistas, pan, muchas cosas para comer, bueno … ¡de todo!

Cuando los chicos vuelven del colegio, los Torres Marín cierran la pulpería una hora y comen juntos. Muchas veces hay «casado». Es un plato con arroz y frijoles –como siempre en Costa Rica– y también con carne, pollo[3] o pescado[4]. Para beber, casi siempre hay un «fresco». El fresco es un zumo de frutas con agua o con leche. Hay frescos de naranja, de piña y de muchas frutas más que hay en Costa Rica. A Laura y a sus hermanos les chifla[5] el casado con plátano maduro[6] y también el fresco de cas[7]. ¡Es muy dulce y muy rico!
Hoy los chicos están muy contentos. Vuelven a casa y dejan su uniforme escolar en un rincón de la habitación (sí, ¡los chicos llevan uniforme en el colegio!), porque empiezan las vacaciones. En Costa Rica los chicos tienen clase desde febrero hasta diciembre y después llegan las vacaciones: ¡para celebrar la Navidad[8] y disfrutar del buen tiempo!
Durante las vacaciones, Carlos, Laura y Luis salen con sus amigos, van al campo o a la playa con sus padres y a veces ayudan[9] un poco en la pulpería o en casa. A Carlos, por ejemplo, le gusta mucho preparar la comida para toda la familia.
Los ticos cenan temprano, a las seis o las siete, no a las diez o más tarde como en España. A veces hay una sopa o pan con jamón y queso o gallo pinto. ¡El gallo pinto es la comida favorita de los ticos!

Después de las clases, Carlos y sus amigos siempre van a la soda «Pura Vida» para tomar un fresco. En Costa Rica hay una soda casi en cada esquina. Es un restaurante pequeño y barato donde puedes comer algo, beber un fresco o comprar una cosa pequeña o dulce para comer en la calle. Y, como siempre, Carlos toma fresco de cas. ¡Es su favorito!

1 el país *Land*
2 la gente *Leute*
3 el pollo *Hühnchen*
4 el pescado *Fisch*
5 chiflar = gustar
6 el plátano maduro *Kochbanane*
7 el cas *Guave (Frucht)*
8 la Navidad *Weihnachten*
9 ayudar *helfen*

ALGO PARA LEER

1 a Formad cuatro grupos. Cada grupo elige un tema y prepara un mapa mental con la información que hay en el texto.

1. el país Costa Rica
2. la familia Torres Marín
3. el colegio en Costa Rica
4. cosas típicas en Costa Rica

b Cada grupo presenta en clase la información sobre su tema.

EL CAMPAMENTO DE VERANO

¡ACÉRCATE!

2|1

Elena

El campamento me gusta porque me encantan los animales y aquí hay muchos. ¡Además, puedo montar a caballo!
Mañana vamos a hacer una excursión a Tuy. Mola, ¿no?

Alina

En mi cabaña somos cuatro chicas: Elena, Bea, Mar y yo. Las tres tienen 13 años, como yo, y Bea y Mar son hermanas. A mí me gusta mucho nadar y a las tres también les gusta mucho. ¡Voy a pasármelo muy bien aquí!

Nuria

Me encanta estar aquí porque en casa siempre estoy sola con mis padres. En el campamento comemos siempre todos juntos.
Hay un ruido tremendo porque todos hablan a la vez. Pero hoy hay pescado y el pescado no me gusta nada.

Hier lernst du
- über Freizeitaktivitäten und Sportarten zu sprechen

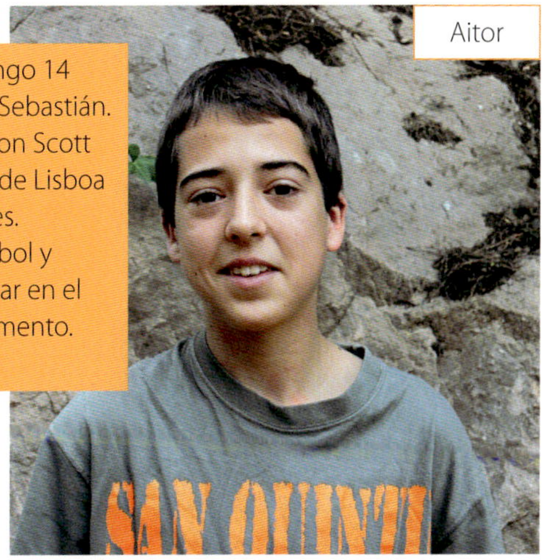

Me llamo Aitor, tengo 14 años y soy de San Sebastián. Mis compañeros son Scott de Londres, Pablo de Lisboa y Juanjo de Cáceres. Nos encanta el fútbol y queremos participar en el torneo del campamento. ¡Vamos a ganar!

Yo soy de aquí, de Pontevedra y dos de mis amigos también están aquí. A mí no me gusta mucho practicar deporte, pero no importa. Aquí puedo hacer muchas cosas, por ejemplo me gustaría aprender a bucear.

LEER Y HABLAR

41|1 41|2

1 Lee las frases: ¿quién es?, ¿quiénes son? | Lies die Aussagen: Welche Kinder aus den Texten sind gemeint?

1. Es de San Sebastián.
2. Quieren participar en el torneo del campamento.
3. Tienen 13 años.
4. No le gusta estar sola.
5. No le gusta practicar deporte.
6. Le gusta el campamento porque hay muchos animales.

COMPRENDER Y ESCUCHAR

2 a A lee una frase, B dice si es correcta o no. | Wechselt euch ab.

1. El campamento está cerca de Alicante.
2. Los chicos viven en cabañas.
3. Siempre comen juntos.
4. Los padres de los chicos también están en el campamento.
5. En el campamento, los chicos pueden practicar deporte.
6. En el campamento no hay animales.
7. Mañana los chicos van a hacer una excursión a Pontevedra.

2|2

b Escuchad y comprobad. Después corregid las frases falsas de **a**.

El campamento no está cerca de Alicante. Está en [...]

HABLAR

3 a Busca la información en el texto, p. 66/67: ¿qué (no) les gusta a los chicos del campamento?

A	Elena Alina Nuria Aitor Aleixo	le gusta [...]. le gustan [...].

A Elena **le** gusta montar a caballo.

Recuerda:
A mí **me** gusta/n ...
A ti **te** gusta/n ...
A él / A ella **le** gusta/n ...

b ¿Y a ti? Cuenta: qué (no) te gusta?

A mí me gusta No me gusta No me gusta nada	practicar deporte / jugar al fútbol / al balonmano. nadar / bucear / montar a caballo / hacer una excursión a [...]. chatear / escribir [...] / leer [...] / escuchar cedés de [...]. los perros / los gatos / [...]. visitar a mis amigos / a mis primos / a [...]. pasear / salir con [...] / charlar con [...]. ir al [...] / a la [...]. los domingos / las películas con [...] / las clases de guitarra / [...]. el pescado / el chocolate / [...].
A mí me gustan No me gustan No me gustan nada	

DESCUBRIR

41|3 **4** Busca los pronombres nos, os y les en el texto, p. 66/67. Después completa. | Suche im Text die indirekten Objektpronomen nos, os und les. Dann ergänze die Sätze: ▸▸ Resumen 2, p. 75

1
– ¿[...] gusta jugar al balonmano?
– Pues, preferimos nadar.

2
– [...] encanta el fútbol y queremos ver el partido.

3
– A los dos [...] gusta mucho leer, ¿verdad?

YA LO SÉ

5 Estás en un campamento y quieres conocer a los chicos. Habla con seis compañeros de clase.

¿Te gusta	jugar al fútbol? jugar al al balonmano? tu cabaña?	Sí, me gusta mucho. / me encanta. No, no me gusta (nada). Prefiero [...]
¿Te gustan	los animales? los monitores? [...]?	
¿Por qué no	participamos juntos en el torneo? montamos juntos a caballo?	Buena idea. / No, hoy no tengo tiempo. Tengo que ...

Hier lernst du
- zu sagen, was du gerade tust
- über häusliche Pflichten zu sprechen

DIÁLOGO

ESTOY FREGANDO LOS PLATOS

2|3

1 Escucha el diálogo. | Höre dir das Gespräch an und sprich leise mit.

Carlos: ¿Dígame?
Jorge: Hola, Carlos, soy yo, Jorge. ¿Qué tal estás? ¿Qué estás haciendo?
Carlos: Pues bien, … bueno, estoy fregando los platos.
Jorge: ¿Qué? – Hoy es sábado, ¿y tú estás fregando? ¿Porque no estás jugando al fútbol o tocando la guitarra?
Carlos: Tengo un trato con mis padres. Todos los fines de semana mi hermana y yo tenemos que ayudar un poco en casa.
Jorge: ¿Y qué tenéis que hacer?
Carlos: Cocinamos, ponemos la mesa, fregamos los platos, ordenamos nuestras habitaciones o limpiamos el baño.
Jorge: Puh, a mí no me gusta mucho ayudar en casa.
Carlos: Pues a mí tampoco. Pero bueno, es un trato.

2|4

2 a Escucha, lee y repite. | Höre zu und lies mit. Da, wo eine Lücke ist, hörst du zuerst zu und sprichst dann nach.

1.
Ana: ¿Qué [•••]?
Inés: [•••] los platos. ¿Y tú?
Ana: Estoy escribiendo [•••].

2.
Inés: Todos los fines de semana [•••] en casa.
Ana: ¿Qué tienes que [•••]?
Inés: Tengo que [•••] y poner la mesa. ¿Y tú? ¿También tienes que [•••] en casa?
Ana: Sí, claro. ¡[•••]!

2|5
42|2

b Escucha y contesta. | Höre dir die Fragen an. Dann höre sie noch einmal und antworte leise.

- No puedo, estoy cocinando.
- Estoy ordenando mi habitación.
- Sí, todos los fines de semana tengo que hacer las camas.
- Los fines de semana limpiamos la cocina.

2|6

3 a Ana cuenta lo que hace los días de la semana. ¿Qué está haciendo? Escucha y elige el dibujo correcto. | Höre zu und wähle die richtigen Bilder aus.

1

2

3

2|6

b ¿Qué hace Ana todos los … | Höre noch einmal und erzähle, was Ana an welchen Tagen macht.

Todos los	lunes viernes sábados	Ana	*estudiar* Inglés con Inés. *tocar* la guitarra. *cocinar* con su madre.

4 A Elena no le gusta mucho ayudar en casa. **A** formula una pregunta de la madre. **B** contesta. | Elena hat wenig Lust zu helfen. **A** ist die Mutter und stellt eine Frage, **B** ist Elena und sucht eine Ausrede.

Die Mutter möchte, dass …
- Elena den Tisch deckt.
- Elena das Bad putzt.
- Elena die Betten macht.
- das Geschirr spült.
- ihr Zimmer aufräumt.

Elena sagt, dass …
- sie Hausaufgaben machen muss.
- sie den Hund ausführen muss.
- sie Gitarre üben (spielen) muss.
- sie eine E-mail schreiben muss.
- sie einen Text für Erdkunde lesen muss.

5 a Inés llama a Ana porque quiere quedar con ella. ¿Qué contesta Ana? Haced el diálogo.

Inés

Hola, Ana, soy yo, Inés. ¿Qué tal estás?
¿Qué estás haciendo?

Ana

Pues bien, … bueno,

estoy	fregando platos. ordenando mi habitación. limpiando la cocina. poniendo la mesa.

Inés

¿Qué? Hoy es sábado, y tú estás [•••]?

Ana

Si, tengo un trato con mis padres.
Todos los fines de semana tengo que ayudar un poco en casa.

Ana

Pues bien, … bueno,

estoy	escribiendo el texto para mañana. estudiando Inglés con Carlos. aprendiendo el vocabulario nuevo. mirando fotos en mi móvil. tocando la guitarra.

Inés

Bueno … ¿por qué no quedamos a las tres en la plaza?

Ana

Pues, muy bien … ¡hasta luego entonces!

b Verwende die Aktivitäten von Ana und stelle etwas pantomimisch dar. Deine Mitschüler/innen raten, was du gerade machst und bilden einen Satz wie im Beispiel.

Estás mirando fotos en tu móvil.

TEXTO

¿QUÉ ESTÁS HACIENDO?

Hier lernst du
- über deine Ferien zu sprechen
- zu sagen, was man (nicht) mag

2|7

A Elena y a sus compañeras les encanta la vida en el campamento. Los monitores son simpáticos y los otros chicos también. Bueno, casi todos. Pero hay otras cosas que no le gustan mucho a Elena. Por ejemplo, hay un juego en el campamento que se llama «Puntomanía»: los chicos que ordenan su cabaña y hacen las camas pueden ganar puntos. Todas las mañanas los monitores pasan por las cabañas: ¿tu cabaña está limpia? Entonces tu grupo gana cinco puntos. ¿Ayudas en la cocina? Entonces tu grupo gana otros cinco puntos … Después de dos semanas el grupo que tiene más puntos es el «campeón del campamento» y gana una excursión a un parque de atracciones. Por eso, todos los chicos ayudan en la cocina, ponen la mesa, limpian el comedor y friegan los platos. Pero hoy Elena quiere jugar al balonmano y no pasar toda la tarde en la cocina. ¡Ella está de vacaciones!

Además Elena y sus compañeras tienen cuatro vecinos, «los cuatro fantásticos», como dicen ellas. Después de la cena siempre van a la cabaña de las chicas para charlar un rato. Uno de ellos, Aitor, siempre le toma el pelo a Elena o le pregunta: «Elena, ¿en qué estás pensando?» La verdad es que Elena está pensando en cosas que no quiere contar, por ejemplo: «¡Este Aitor es un pesado!» Los chicos – también las compañeras de Elena – hablan todo el tiempo de fútbol y de otros deportes. Para Elena ellos sólo tienen una cosa en la cabeza: fútbol, ¡nada más!

Por fin su amiga Sarah llama por teléfono.

Sarah: Hola, Elena. ¿Qué tal el campamento?
Elena: Bien … Y tú, ¿qué tal?
Sarah: Muy bien, vengo de la plaza y en diez minutos viene Esteban. Oye, ¡qué ruido hay ahí!, ¿qué estás haciendo?
Elena: Es que estoy en la cocina. ¡Estoy fregando platos!
Sarah: ¡Tú! Chica, ¿qué te pasa?
Elena: Bueno, es para ganar puntos para un juego del campamento.
Sarah: ¿Y los chicos del campamento?
Elena: Hay uno al que no aguanto, ¿sabes? Se llama Aitor, es de San Sebastián, tiene 14 años y es un pesado. Todo el día está diciendo tonterías y contando chistes. ¡Me cae mal! Y, para colmo, siempre está donde yo estoy: estoy leyendo algo en la biblioteca, él también. Estoy escribiendo un e-mail en el ordenador, él también. ¡Estoy hasta las narices!

Sarah: Tranquila, chica, ¡no es para tanto! En diez días estás otra vez aquí y ya no hay más Aitor, ¿vale?
Elena: ¡Menos mal!

COMPRENDER

45|1
45|2

1 Copia el cuadro en tu cuaderno y busca la información en el texto: ¿qué le gusta a Elena?, ¿qué no le gusta? | Übertrage die Tabelle in dein Heft und ergänze sie mit Informationen aus dem Text.

+ Le gusta / Le encanta	− No le gusta
la vida en el campamento […]	ayudar en la cocina […]

APRENDER MEJOR

2 a Schlüsselwörter in einem Text finden
Lee el texto y apunta en tu cuaderno las palabras clave de la historia:

¿quién?	¿con quién?	¿dónde?
¿cuándo?	¿cómo?	¿por qué?

b Utiliza las palabras clave de **a** para escribir un resumen en tu cuaderno.

Destreza
Die Inhaltsangabe einer Geschichte ist immer kurz. Wenn du also die Zusammenfassung eines Textes schreiben möchtest, solltest du nur die wichtigsten Dinge nennen. Überlege dir Antworten auf folgende Fragen: Wer? Mit wem? Wo? Wann? Wie? Warum?

DESCUBRIR

3 a Mira los dibujos y explica. |
Wie wird das gerundio gebildet? Was drückt es aus?

fregar	→	*estar*	**fregando**
hacer	→		**haciendo**
escribir	→		**escribiendo**

! leer → *estar* **leyendo**
decir → *estar* **diciendo**

b Describe: ¿qué están haciendo los chicos? Utiliza el gerundio. ▸▸ Resumen 4, p. 75

▸ p. 108
45|3
46|4

HABLAR

4 a ¿Qué actividades del campamento (no) te gustan a ti? | Überlege erst, welche Paare zusammen passen. Nenne dann je drei Beispiele.

A mí me gusta (mucho) [...]

[...] no me gusta nada.

limpiar	la cama
hacer	la mesa
poner	la cocina / el comedor
hablar	al balonmano / al fútbol
ganar	de deporte
jugar	una excursión
leer	un libro
charlar	por teléfono
contar	chistes
	con los compañeros
	puntos

▸ p. 108

b Elena escribe una postal a su madre. Escribe el texto en tu cuaderno.
▸▸ Destrezas

- como son los otros chicos
- donde vive y con quién
- actividades
- tener que ayudar en la cocina

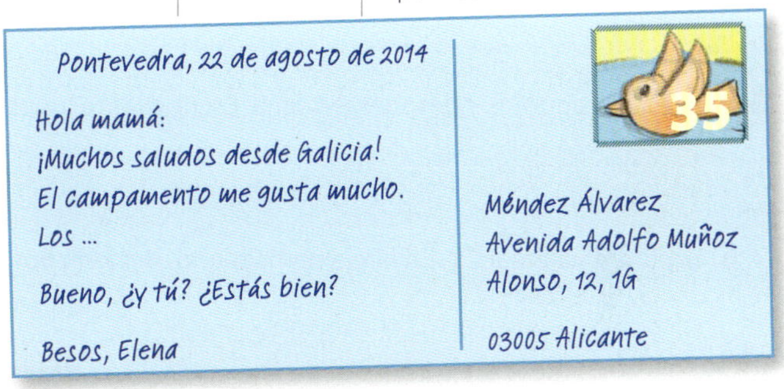

5 Cuenta: ¿Qué hacen los monitores en el campamento todos los días?

Todas	las mañanas las tardes las noches	*pasar* por las cabañas *preparar* el desayuno *ordenar* la cocina con los chicos *hacer* deporte con los chicos
Todos los días		*preparar* la cena *hablar* con los chicos sobre problemas *jugar* al balonmano con los grupos *contestar* muchas preguntas *cuidar* los animales

▸ p. 109

6 a Elena no aguanta a Aitor. ¿Por qué? Describe: ¿Qué hace Elena y qué hace Aitor? Apunta dos ejemplos. **Ejemplo:** Elena está escribiendo un mensaje y Aitor está leyendo en su móvil.

b Hablas con un amigo / una amiga y le cuentas de un chico / una chica que no te cae bien.

No aguanto a … cuando estoy leyendo … él / ella también.

… me cae mal porque él / ella	siempre todo el día todo el tiempo toda la mañana	*estar*	contando chistes diciendo tonterías preguntando algo

… *ser* un/a pesado/-a

y para colmo	no *querer* hablar / contar no *hablar* conmigo siempre *tomar* el pelo a alguien solo *hablar* de fútbol / de ropa / de caballos

¡Estoy hasta las narices!

7 Explícale a un chico español el programa del campamento.

Programm:	
9.00 Uhr	Ankunft der neuen Schüler im Ferienlager
10.00 Uhr	Ausflug nach Hamburg (mit dem Bus!), Treffen am Eingang
16.00 Uhr	Rückfahrt ins Ferienlager
18.30 Uhr	Abendessen in der Kantine
19.30–21.00 Uhr	Fest für die Neuen mit vielen Aktivitäten
Programm morgen:	
10.00 Uhr	Fußballturnier
17.00 Uhr	Preisverleihung

ESCUCHAR

2|8

8 a Lee las preguntas y después escucha. Escribe las respuestas en tu cuaderno.

1. ¿Cuántos puntos tiene Aitor?
2. ¿Y Elena?
3. ¿Qué dice Elena sobre Aitor y el fútbol?

▸ p. 109

b Explica en alemán. | Erkläre einem Freund, der kein Spanisch spricht, was du verstanden hast.

ESCRIBIR

9 a Elena está en el campamento. ¿Qué está pasando? Mira el dibujo y describe la situación del texto **A**, p. 71. | Beschreibe die Situation von Elena: Was macht sie, mit wem spricht sie worüber?

Elena está en la cocina y está fregando los platos. También está …

b Escribe en tu cuaderno un final para el texto A, p. 71. Empieza con: «En ese momento Aitor entra en la cocina…».

PUNTO FINAL 5

10 **Berichtet eurer spanischen Partnerschule von einer Klassenreise. Bereitet in Gruppen Blogeinträge vor.**
- Beschreibt, wo ihr eure Klassenreise verbringt, mit wem ihr dort seid und wie die Betreuer sind.
- Wählt Fotos aus oder macht Zeichnungen und beschreibt, was ihr unternehmt.
- Erzählt, welche Jugendliche noch im Ferienlager sind. Beschreibt eine Person, die euch nervt.

Ejemplos:

Lunes por la mañana: Aquí estamos saliendo a una excursión. El del sombrero es un monitor. Se llama Luis y es muy simpático. La chica con la camiseta verde es Andrea. No la aguanto. Es muy …

Aquí comemos. El comedor es muy grande. Hoy hay pescado: No me gusta nada :-(

Me encanta el fútbol. Aquí jugamos al fútbol todos los días.

RESUMEN DE GRAMÁTICA

1 Los verbos | Die Verben

	jugar	venir	poner
[yo]	**jue**go	**vengo**	**pongo**
[tú]	**jue**gas	v**ie**nes	pones
[él/ella]	**jue**ga	v**ie**ne	pone
[nosotros/-as]	jugamos	venimos	ponemos
[vosotros/-as]	jugáis	venís	ponéis
[ellos/ellas]	**jue**gan	v**ie**nen	ponen

2 El pronombre de complemento indirecto | Das indirekte Objektpronomen

Estar aquí	**me**	encanta.
¿No	**te**	gusta el fútbol?
La profe	**le**	pregunta mucho.
Hacer deporte	**nos**	encanta.
¿Qué	**os**	gusta del campamento?
También	**les**	gusta mucho.

Miguel **me** escribe un e-mail.
*Miguel schreibt **mir** eine E-Mail.*

3 Los determinantes todo y otro | Die Begleiter todo und otro

	♂		♀	
singular	tod**o** otr**o**	**el** día libro	tod**a** otr**a**	**la** tarde silla
plural	tod**os** otr**os**	**los** días libros	tod**as** otr**as**	**las** tardes sillas

! Quiere tomar **otro** zumo. –
Prefiere **el otro** zumo.

4 Estar + gerundio | Die Verlaufsform

Ahora	estoy estás está estamos estáis están	habl**ando** aprend**iendo** escrib**iendo**	con Pedro. el texto para mañana. un e-mail.

habl**ar**:	habl**ando**
aprend**er**:	aprend**iendo**
escrib**ir**:	escrib**iendo**
! leer	Elena está **leyendo**.
! decir	Aitor está **diciendo** tonterías.

EJERCICIOS FACULTATIVOS

1 Actividades en el campamento. Relaciona y apunta las expresiones en fichas. | Notiere die möglichen Verbindungen auf Lernkärtchen.

hacer · comer · vivir · montar · jugar · participar · aprender · practicar · poner

al balonmano · una excursión · a caballo · en el torneo de fútbol · deporte · la mesa · en cabañas · a bucear · juntos

2 Completa las frases con las palabras nuevas.

cabaña cabeza cena compañeras excursión ganar juego monitores pescado rato tremendo vacaciones vecinos

1. Los [...] trabajan en el campamento y son muy simpáticos.
2. «Puntomanía» es un [...]: Los chicos tienen que ayudar para [...] puntos.
3. Elena no quiere ayudar todos los días, ¡está de [...]!
4. «Los cuatro fantásticos» son los [...] de Elena. Viven en la [...] de al lado.
5. Después de la [...] visitan a las chicas para charlar un [...].
6. Tienen solo una cosa en la [...]: ¡fútbol!
7. Elena: «En la cabaña somos cuatro chicas, mis [...] se llaman Elena, Alina y Mar.»
8. Los chicos hacen una [...] a Tuy.
9. El [...] no le gusta nada a Nuria.
10. En el comedor del campamento, el ruido es [...].

3 ¿Qué haces durante las vacaciones? Cuenta y utiliza una forma de todo/-a. ▶▶ Resumen 3, p. 75

[...]	el día la semana los días las mañanas	*ir* al / a la [...] *cuidar* los animales *montar* a caballo *jugar* al / a la [...] *ordenar* [...] *ayudar* a [...] / en [...]

▶ 48|13
4 Completa con una forma de otro/-a. ▶▶ Resumen 3, p. 75

1. ¿Vamos a la piscina? – Hoy no, [...] día.
2. ¿No te gusta nadar? – Sí, me gusta, pero hoy prefiero hacer [...] cosa.
3. ¿Qué cosa? – No lo sé. Leer un libro u [...] actividades tranquilas.
4. Bueno, aquí tienes un libro, es muy interesante. – Gracias, pero ya estoy leyendo [...] libro.

▶ 46|7
5 Completa las frases con una forma del verbo venir. ▶▶ Resumen 1, p. 75

1. Hola, Sarah, ¿de dónde [...]? – De la piscina.
2. ¿Por qué [...] sin tu mochila?
3. ¿Dónde está Paco? – Mira, allí [...].
4. ¿Quiénes son? – Son Esteban y Sarah, [...] para charlar un rato.
5. Ya podemos empezar, [...] con todo.
6. [...] de la plaza, y ya no quiero salir.

6 **A wählt ein Verb aus und würfelt.**
B formuliert einen Satz.

También podéis formular preguntas y escribir frases con «no».

jugar	al balonmano al «Puntomanía» al fútbol
hacer	una excursión la cama un pastel
venir	de la playa para charlar un rato sin tus libros

- ⚀ yo
- ⚁ tú
- ⚂ él / ella
- ⚃ nosotros / nosotras
- ⚄ vosotros / vosotras
- ⚅ ellos / ellas

47|10 **7** **Completa las frases con los pronombres.** ▸▸ Resumen 2, p. 75

me (2x) | te | le (2x) | nos | os | les

1. ¿Por qué no [...] escribes una postal a tus padres?
2. También tus abuelas [...] van a preguntar muchas cosas sobre la vida en el campamento.
3. Los monitores dicen: «Chicos, ¡la excursión [...] va a gustar mucho!»
4. Los chicos contestan: «¡Sí, [...] encanta el plan!»
5. Solo Elena piensa: «Aitor [...] va a tomar el pelo todo el día.»
6. Alina mira a Elena y piensa: «¿Qué [...] está pasando a Elena?»
7. «Seguro que Aitor [...] cae mal a Elena.
8. [...] gustaría ayudar a Elena, pero ¿cómo?»

8 **¿Qué dicen los chicos en el campamento?**
Completa las frases con las formas me (2x), te, le, nos (2x), os, les. ▸▸ Resumen 2, p. 75

1. Chicos, [...] voy a contar una historia de San Sebastián.
2. A los chicos [...] encantan las historias de Aleixo.
3. A Bea no [...] gustan. Prefiere ver la tele.
4. No, ver la tele no [...] gusta, preferimos practicar deporte.
5. Este Aitor es un pesado, siempre [...] toma el pelo.
6. Elena, ¿qué [...] pasa?
7. «Este Aitor es un pesado, [...] cae mal.»
8. Aitor: «Siempre estoy con Scott, Pablo y Juanjo, [...] encanta el fútbol.»

9 **¿Qué hacen los chicos después de comer? Utiliza estar + gerundio.**

1. Bea: – Elena, ¿dónde estás? – *(fregar / yo)* platos en la cocina.
2. Monitor: – ¿Dónde está Aleixo? – *(jugar / él)* al fútbol con Aitor.
3. Nuria: – Elena, ¿qué haces? – Estoy en la cabaña, *(leer / yo)* un libro.
4. – *(buscar / yo)* a Juanjo. – Mira, allí está, *(hablar / él)* con el monitor.
5. Juanjo *(escribir)* un e-mail a sus amigos en Cáceres.
6. Bea y Mar *(preparar)* la fiesta de esta tarde.

EL PRIMER DÍA

¡ACÉRCATE!

LEER Y ESCUCHAR

1 a El nuevo barrio de Aitor. Mirad el plano y buscad los sitios. | Das neue Viertel von Aitor. Sucht auf dem Plan die folgenden Orte.

la casa de Elena | la casa de Aitor | la panadería | el kiosco | el instituto

¿Dónde está la casa de Elena?

La casa de Elena está en la Avenida Adolfo Muñoz Alonso.

2|9 **b** Lee los textos. Después escucha cómo va Aitor al instituto y busca en el plano.

1

Aitor es nuevo en Alicante y hoy es el primer día de instituto.

Madre: ¿Por qué no quieres ir conmigo en coche? ¿Cómo quieres ir al insti? ¿¿En bici??
Aitor: Tranquila, mamá, no te preocupes. El insti está por aquí cerca, ya sé el camino. Voy a ir a pie.

2

A las nueve menos cuarto Aitor está en la Avenida Adolfo Muñoz Alonso y tiene que preguntar a un señor.

Aitor: Disculpe, ¿usted sabe dónde está el instituto San Vicente?
Señor: Sí, mira, es muy fácil: cruza esta avenida, sigue la calle Maestro Latorre todo recto y después coge la segunda calle a la derecha.
Aitor: ¡Muchas gracias!

Hier lernst du
- nach dem Weg zu fragen
- einen Weg zu beschreiben
- Verkehrsmittel anzugeben

Aitor cruza la avenida, sigue todo recto y coge la segunda calle … ¡pero a la izquierda! Ya son las nueve menos diez y Aitor tiene que preguntar a unos chicos.

3

Aitor: ¿Sabéis dónde está el instituto San Vicente? ¿Está lejos? ¿Hay que coger el bus?
Chico: No, ¡qué va! Está muy cerca de aquí, a pie son cinco minutos.
Chica: Mira, ¿ves el semáforo allí? Ve por esta calle, todo recto, hasta la calle Cuenca y allí a la izquierda. ¿Está claro?
Aitor: ¡Creo que sí!

4

Aitor: Mi primer día de insti – ¡el primero! – y casi llego tarde. ¡Qué palo! ¡Un momento, por favor!
Portero: ¿Qué esperas chico? Llegas muy tarde. Por poco no entras.
Aitor: Sí, ¡lo siento! Uf … y ahora, ¿dónde está mi aula?

COMPRENDER

50|1
51|2

2 a Relaciona los dibujos con las expresiones.

1. cruzar la calle
2. seguir todo recto
3. girar a la derecha
4. girar a la izquierda
5. coger la segunda a la derecha
6. coger la primera a la izquierda

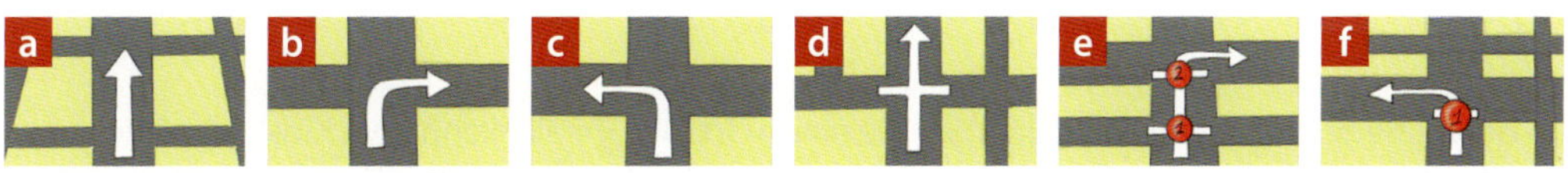

2|10

b Escucha: ¿adónde va Elena después del instituto?

ESCUCHAR Y REPETIR

2|11

3 Escucha, lee y repite. | Höre zu und lies mit. Da, wo eine Lücke steht, hörst du zuerst zu und sprichst dann nach.

1. ¿Sabéis dónde está el supermercado? ¿[...]?
2. No, qué va. Cruza esta avenida, [...] y después [...] a la derecha.
3. Disculpe, ¿[...] una hamburguesería por aquí?
4. Mira, ¿ves el semáforo allí? [...] y allí a la izquierda.

HABLAR

4 a Apunta en tarjetas las expresiones para preguntar por el camino y para explicar el camino.

Disculpe, ¿usted sabe dónde …

b A wählt einen der Orte aus und erklärt B den Weg vom Instituto San Vicente dorthin. B folgt dem Weg auf dem Plan (S. 78/79) und sagt den Ort.
Ejemplo: Primero ve todo recto hasta el parque, allí coge la calle, [...]. ¿Dónde estás ahora?

la hamburguesería | la biblioteca | la panadería | el cibercafé | el kiosco

5 Jugad con un dado y formad frases. | Die gewürfelte Zahl bestimmt das Fortbewegungsmittel.
▸▸ Resumen 3, p. 87

▸ p. 109
51|4

Para ir	a al a la	[...]	hay que	(1) coger el avión[1]. (2) coger el tren[2]. (3) coger el bus.
A Al A la	[...]		puedes	(4) ir en coche. (5) ir en bici. (6) ir a pie.

1 el avión *Flugzeug* 2 el tren *Zug*

DESCUBRIR

6 Du oder Sie? | ¿Qué frase dices a qué persona? Relaciona.
▸▸ Resumen 1, p. 87

1. Para ir al centro ustedes tienen que ir todo recto.
2. ¿Usted sabe dónde hay un kiosco por aquí?
3. ¿Vas a la Explanada? Tienes que coger el bus.
4. ¿Sabéis dónde está la Plaza San Blas?

YA LO SÉ

7 a Y tú – ¿cómo vas al instituto? | Beschreibe, wie du zur Schule kommst.

Normalmente Todos los días Pero a veces	voy al instituto	en bici. a pie. en coche.
Para ir al instituto	tengo que coger	el autobús. el tren.

b Überlege dir in der Nähe deiner Schule einen Ort, den ihr alle kennt: ein Kiosk, ein Café, eine Bäckerei, eine Straße oder ein bestimmter Platz. Beschreibe den Weg, dein/e Mitschüler/in errät das Ziel. Wechselt euch ab.

Hier lernst du
- zu sagen, ob du etwas gut/schlecht findest

¿QUÉ TE PARECE?

2|12

1 Escucha el diálogo. | Höre dir das Gespräch an und sprich leise mit.

Carlos: Es la primera vez después de las vacaciones que estamos juntos aquí en la cafetería.

Jorge: Sí. ¿Te gusta el horario nuevo?

Carlos: Pues, el martes empieza bien: las dos primeras horas tenemos Educación Física … Inés, ¿qué te pasa?

Inés: Bueno …, es que a mí no me parece bien. Mira, después tenemos Inglés, y seguimos con dos horas de Matemáticas. ¡Qué palo!

Jorge: Bueno, siempre te quejas del horario. ¿Ya sabéis?, hay una chica nueva. ¿Qué os parece?

Inés: Creo que es muy maja.

Carlos: Sí, parece muy simpática. Y es una chica muy alta, de pelo castaño y los ojos …, tiene ojos muy azules … ¿qué pasa? ¿Por qué os ponéis así?

Jorge: La chica te gusta, ¿no?

Carlos: Qué va.

Inés: Creo que sí – ¡te pones rojo como un tomate!

2|13

2 a Escucha, lee y repite. | Höre zu und lies mit. Da, wo eine Lücke ist, hörst du zuerst zu und sprichst dann nach.

Ana: ¿Hoy tenemos Matemáticas?
Inés: Sí, tenemos Matemáticas. Y después …, ¿[…], Ana?
Ana: Mira, ¿ves a ese chico de allí? Este, […].
Inés: Sí, es el chico nuevo, ¿[…]?
Ana: […].
Inés: Ay, ¡te pones […]!
Ana: ¡[…]!

2|14

b Escucha y contesta. | Höre dir die Sätze an. Dann höre sie noch einmal und reagiere leise.

- ¿Por qué nos ponemos así?
- Es que te quejas mucho, ¿no?
- Quién, ¿ese chico alto, de pelo castaño y de unos 14 años?
- Es que no me gusta Educación Física.
- Creo que es muy maja.

3 Combina las parejas.

Ejemplo: barato/caro

fácil	pesado	barato	tranquilo	pequeño	aburrido	bonito
difícil	simpático	caro	travieso	grande	divertido	feo

4 a Ihr sitzt zu dritt in der Pause. Fragt und antwortet abwechselnd.
Tipp: Verwende die Adjektive aus Aufgabe **3** (S. 81).

53|3
54|4

¿Qué te parece / ¿Qué os parece
el chico nuevo en la clase de …?
la chica nueva en la clase de …?
el / la profe de …?
el horario?
la nueva sala?
el examen de …?

El / Ella … / El nuevo … me parece (muy) majo/-a. / simpático/-a. / aburrido/-a. / …

b Du fragst, deine/e Mitschülerin gibt eine Erklärung mit es que.
Wechselt euch ab.

1. ¿Por qué te pones así?
2. ¿Por qué te quejas del horario?
3. ¿Por qué no quieres ir conmigo al polideportivo?
4. ¿Por qué no llevas el jersey verde?
5. ¿Por qué no sales a pasear con el perro?

Es que
tengo que …
no tengo ganas de …
no tengo tiempo.
hablas mucho.
a mí no me gusta …

5 ¿Qué llevas en una fiesta en el instituto? Discute con tu compañero / compañera.

¿Qué llevas en la fiesta?

Bueno, yo llevo […]. ¿Qué te parece?

Me parece bien.
(No) me gusta. Prefiero […].

Hier lernst du
- Personen zu beschreiben
- über den ersten Schultag zu sprechen

TEXTO

UNA SORPRESA

ACTIVIDAD DE PRELECTURA

1 Mira la foto e inventa qué dice Aitor y qué dice Sarah.

2|15
2|16

«Oye, perdona, ¿sabes dónde está el aula 13?» En el pasillo del instituto, Sarah mira al chico que está delante de ella. Aitor está perdido: es nuevo en Alicante, es su primer día en el instituto y está buscando su clase. «¡Qué simpático el tío!», piensa Sarah. Ella le explica todo y se va deprisa a su aula porque tiene muchas ganas de ver a sus compañeros. Es la primera vez que se van a ver después de las vacaciones. Además, van a recibir el horario nuevo. El día empieza bien: en las dos primeras horas tienen Educación Física, en la tercera, Inglés y en la cuarta y en la quinta, Matemáticas.

Después del deporte, Elena y Sarah se duchan y se ponen la ropa.

Sarah: Hay un chico nuevo en la clase de Rafa, ¿sabes?

Elena: ¿Y qué te parece? ¿Es majo?

Sarah: Sí, parece muy simpático.

Esteban y Javi ya están esperando a las chicas en la cafetería. Por fin vienen, se sientan con ellos y Elena empieza a contar: les cuenta sus aventuras, se queja de los chicos en el campamento de verano y habla y habla sin parar.

Sarah se levanta para comprar un agua. En la cola empieza a hablar con un chico. Un chico alto, de pelo castaño, ojos castaños ... de unos 14 años. De repente Elena se pone roja como un tomate.

Esteban: ¿Qué te pasa Elena?

Elena: Allí ..., allí ..., mirad, el chico que está al lado de Sarah. No, eso es demasiado, ¡me voy!

Javi: Elena, porfa, espera ...

Pero ya es tarde, Sarah vuelve y presenta al chico: «Este es Aitor, es de San Sebastián y es nuevo en el insti. Se llama como tu amigo del campamento, Elena. ¡Qué casualidad!» Y Aitor le dice a Elena: «Hola, Elena, tú aquí ... me alegro mucho, ¿qué tal? ¿No te acuerdas de mí?»

COMPRENDER

55|1 **2** Lee el texto y relaciona las personas. | Ordne die Personen zu.

1. No sabe dónde está la sala.
2. Piensa que el chico nuevo es muy simpático.
3. Están en la cafetería esperando a las chicas.
4. Habla mucho de sus vacaciones.
5. Quiere comprar un agua.
6. Ve como Sarah está hablando con Aitor.
7. Quiere irse porque no le gusta la situación.
8. Se acuerda de la chica del campamento.

Esteban | Aitor | Sarah | Elena | Javi

APRENDER MEJOR

3 a Einen Text mündlich wiedergeben
Lee las preguntas y relaciona las palabras claves.

1. ¿Con quién habla Sarah en el pasillo?
2. ¿Qué piensa Sarah del chico?
3. ¿De quién se queja Elena en la cafetería?
4. ¿Por qué se pone roja Elena?
5. ¿Qué hace Sarah?
6. ¿Qué dice el chico?

– ¡Es muy simpático!
– de los chicos en el campamento
– presenta a Aitor a sus amigos
– en el pasillo: Sarah encuentra a Aitor
– ¡Me alegro mucho! ¿No te acuerdas de mí?
– Elena piensa: ¡Aitor es el chico nuevo!

b Lee otra vez las preguntas de **a** y resume el texto utilizando las palabras claves. | Lies noch einmal die Fragen aus **a** und fasse den Text mit Hilfe der Schlüsselwörter zusammen.

Destreza
Notiere die wichtigsten Informationen eines Textes als Stichpunkte auf einzelnen Kärtchen. Ordne sie gemäß der Reihenfolge des Textes und gib den Text knapp mit deinen eigenen Worten wieder.

ESCUCHAR Y HABLAR

2|17

4 a Valentina, una amiga de Elena, no tiene el horario. Ella llama a Elena. Escucha y completa el horario en tu cuaderno.

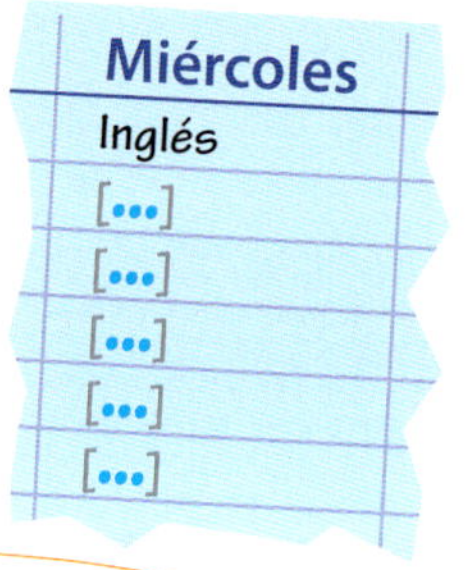

▸ p. 110

b Haced preguntas sobre el horario de Elena y Valentina. | Fragt euch gegenseitig nach dem Stundenplan.

1. En la primera
2. En la segunda
3. En la tercera
4. En la cuarta
5. En la quinta
6. En la sexta

hora tienen […].

¿Qué asignatura tienen en la tercera hora?

En la tercera hora tienen […]

c Haced preguntas sobre vuestro horario. | Fragt euch gegenseitig nach eurem Stundenplan.

¿Qué asignatura tenemos el lunes en la segunda hora?

El lunes en la segunda hora tenemos […].

5 Haz una pregunta con un número ordinal como en el ejemplo. Tu compañero/-a contesta y hace otra pregunta. | Stelle eine Frage mit einer Ordnungszahl wie im Beispiel. Dein/e Mitschüler/in antwortet. ▸▸ Resumen 4, p. 87
Ejemplo: ¿Cómo se llama el primer día de la semana?

57|8

el […] día de la semana
la […] comida del día
el […] mes del año
la […] asignatura que tenemos hoy
el […] profe que vemos los lunes en clase
la […] letra del alfabeto

DESCUBRIR

6 a Relaciona los pronombres con las formas verbales. ▸▸ Resumen 2.1, p. 87

56|4

se · nos · os · se · me · te

vamos · acuerdas · pongo · levanta · duchan · ponéis

b ¿Qué dicen o qué hacen? Utiliza los verbos de **a** y formula frases. ▸▸ Resumen 2.1, p. 87

1

«No [...] la chaqueta.»

2

Las chicas [...].

3

Rafa [...] tarde.

4

«¿No [...] de mí?»

5

«¿Por qué [...] así?»

6
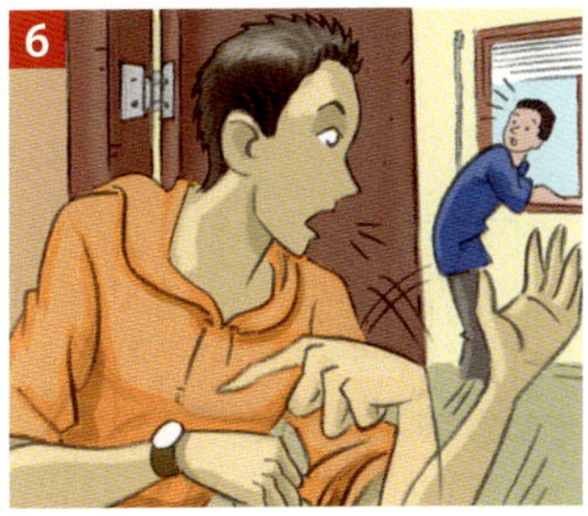
«¿[...] ya?»

7 Haced preguntas sobre los días en el instituto. | Fragt euch gegenseitig nach eurem Schulalltag.

Ejemplo: – Daniel, ¿te acuerdas del primer día de instituto?
– Laura y Tim, ¿os acordáis del primer día de instituto?

1. ¿*(acordarse)* del primer día de instituto?
2. ¿Cómo *(llamarse)* el profe de Inglés?
3. ¿A qué hora *(levantarse)* para ir al instituto?
4. ¿De qué *(alegrarse)*?
5. ¿ Con quién *(sentarse)* en el recreo?
6. ¿Qué *(ponerse)* en la clase de Educación Física?

VOCABULARIO

8 Notiere das Verb mit der passenden Ergänzung auf einer Karte und schreibe einen Satz dazu wie im Beispiel. ▸▸ Resumen 2, p. 87

alegrarse de · sentarse con · levantarse para · acordarse de · sentarse a · quejarse de

las vacaciones · la sorpresa · mi lado · los deberes · ir al instituto · los amigos · los exámenes

Verben lernen
Schreibe auf einer Seite das reflexive Verb mit der Präposition und darunter einen Beispielsatz. Auf der Rückseite notierst du die Übersetzung.

sentarse a mi lado

En la cafetería Tom se sienta a mi lado.

sich an meine Seite / neben mich setzen

Im Café setzt sich Tom neben mich.

HABLAR

9 Du hast in den Ferien Besuch aus Spanien. Bald ist der erste Schultag, ein spanischer Junge möchte mehr darüber wissen. Erzähle ihm:

- wann du aufstehen musst
- wie du zur Schule kommst
- dass ihr am ersten Tag den Stundenplan bekommt
- welche Schulfächer du (nicht) magst
- worauf oder auf wen du dich freust

10 Después de las clases vas a casa. En la calle encuentras a una chica. Formula el diálogo en español.

▸ p. 110

A: Das Mädchen sagt, dass sie neu in der Stadt ist und fragt, ob es einen Supermarkt in der Nähe gibt.

B: Du sagst ihr, dass es einen Supermarkt in der Nähe gibt und fragst sie, ob sie in der Nähe wohnt.

A: Sie sagt, sie wohnt in der *calle Alfonso el tercero.*

B: Du fragst sie, wie sie die Stadt findet.

A: Sie sagt, dass es ihr schön erscheint, aber sie weiß nicht, wo die Geschäfte sind.

B: Du schlägst vor, zusammen zum Supermarkt zu gehen.

A: Sie sagt: Na klar. Lass uns losgehen!

PUNTO FINAL 6

11 Einen Comic schreiben.

a Sieh dir die Bilder an. Was denken oder sagen die Personen? Ergänzt die Sprechblasen. Wenn ihr Ideen sucht, sieht euch noch einmal den Text auf S. 83 an.

b Wie könnte die Geschichte weitergehen? Zeichnet den Comic weiter oder macht Fotos. Setzt Sprechblasen dazu. Danach präsentiert eure Geschichte und hängt die Comics im Klassenzimmer auf.

RESUMEN DE GRAMÁTICA

1 Las formas de cortesía usted y ustedes | Die Höflichkeitsformen usted und ustedes

Disculpe, ¿**usted** sabe dónde está el instituto?
¿Perdón, señores, **ustedes son** de aquí?

2 Los verbos | Die Verben

2.1 Los verbos reflexivos | Die reflexiven Verben

Yo	**me**	**levanto**	temprano.
¿Por qué	**te**	**levantas**	a las cinco de la mañana?
Elena	**se**	**levanta**	siempre a las siete.
No	**nos**	**levantamos**	muy tarde.
¿Ya	**os**	**levantáis**	?
Los chicos	**se**	**levantan**	para ir al instituto.

Yo **no** me levanto tarde.

2.2 Los verbos con cambio de vocal e → i | Die Verben mit Stammvokaländerung e → i

	seguir
[yo]	s**i**go
[tú]	s**i**gues
[él / ella / ud.]	s**i**gue
[nosotros/-as]	seguimos
[vosotros/-as]	seguís
[ellos / ellas / uds.]	s**i**guen

! s**i**guiendo

3 La construcción impersonal hay que + inf. | Die unpersönliche Konstruktion hay que + Inf.

Para ir a Costa Rica, **hay que** **tomar** el avión.

4 Los números ordinales | Die Ordnungszahlen

♂		♀	
el **primer**	día	la primer**a**	hora
el segund**o**		la segund**a**	
el **tercer**		la tercer**a**	
el cuart**o**		la cuart**a**	
el quint**o**		la quint**a**	

▸ p. 110

1 a Aitor está en la plaza y busca la biblioteca. Javi le explica el camino. Mira el plano y completa el diálogo. | Javi erklärt mit Hilfe einer Skizze den Weg zur Bibliothek. Schreibe den Dialog in dein Heft und ergänze ihn.

Aitor: ¿Sabes dónde está la biblioteca? ¿Está [...]?
Javi: No, ¡qué va! Está muy cerca de aquí. Mira, ve por esta calle [...], hasta el semáforo.y allí [...]. Sigue la calle Gran Vía y después coge [...] calle a [...]. Allí está la bibliotcea.
Aitor: Pues, ¿aquí todo recto, después a la izquierda y entonces la segunda calle a la izquierda?
Javi: No, en el semáforo tienes que ir [...].
Aitor: Ah, bien. ¡Muchas gracias!

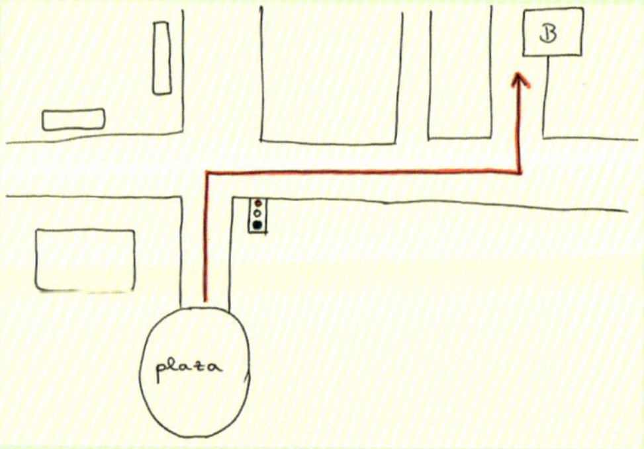

2|18

b Höre dir den Dialog an und überprüfe deine Lösung.

2 Completa con una forma de seguir.

1. Perdona, buscamos la heladería. ¿[...] esta calle o cogemos la segunda calle a la derecha?
2. Para ir a la Plaza de San Blas tenéis que [...] esta calle todo recto. Vais hasta el semáforo, entonces [...] por la segunda calle a la izquierda.
3. Mira, el camino al instituto es muy fácil, está muy cerca de aquí. [...] la calle Latorre y después cruzas la calle en el semáforo. Allí está ya.
4. – ¿Por dónde van tus amigos?
   – Los chicos [...] por la Avenida todo recto, pero yo [...] por la Calle Pintor Gisbert.

55|2 **3 a** ¿Qué hora es?

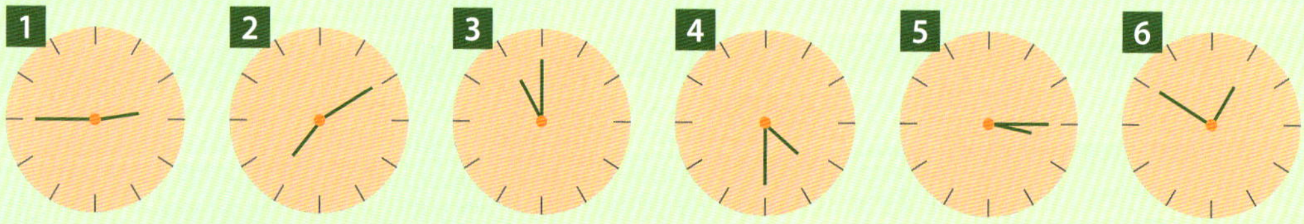

2|19

b Escucha y contesta las preguntas.

1. ¿Qué hora es?
2. ¿A qué hora llega el bus?
3. ¿Qué hora es en Tenerife?
4. ¿A qué hora empieza la película?

4 Javi vuelve a casa y encuentra un mensaje de su madre.
Completa el texto con el imperativo de los verbos en singular y en plural.

Javi, [...] (*ayudar / tú*) a tu padre con la comida y [...] (*fregar / tú*) los platos después, por favor. La fiesta de Cristina es en el parque, a las cinco. [...] (*salir / tú*) de casa a las cuatro y [...] (*coger / tú*) el bus hasta la Plaza San Blas. Allí va a estar Rafa. [...] (*comprar / vosotros*) dos botellas de zumo de naranja, después [...] (*cruzar / vosotros*) la calle e [...] (*ir / vosotros*) por la avenida hasta el semáforo. Allí [...] (*coger / vosotros*) la calle a la derecha. El parque está en esa calle.
Y, por favor, [...] (*volver / vosotros*) temprano porque mañana tenéis que ir al instituto.

¡Pasadlo bien![1] ¡Adiós!

1 ¡Pasadlo bien! *Viel Spaß!*

57|8

5 **A** wählt einen Satz aus und würfelt.
B ergänzt die Ordnungszahl.

En la [...] hora tenemos clase de Inglés.

Toma la [...] calle a la derecha, allí está la heladería.

La [...] letra del alfabeto es la ....

Mira, allí, el [...] chico en la fila es Aitor, el chico nuevo.

Hoy es mi [...] día en el instituto.

Die Ordnungszahlen werden wie Adjektive angeglichen!

- primer/a
- segundo/-a
- tercer/a
- cuarto/-a
- quinto/-a
- sexto/-a

6 a **Seis chicos/-as forman un grupo. Preparad una lista con los nombres. | Bildet 6er-Gruppen. Jede/r schreibt den eigenen Namen auf eine Liste. Dann stellt eure Gruppe vor.**

El primer chico de la lista es ...

La segunda chica ...

b **Ahora cada chico / cada chica del grupo se presenta.**

55|3

7 **Completa las frases con las formas correctas de los verbos reflexivos.** ▸▸ Resumen 2.1, p. 87

me	te	se	nos	os	se

1. Nosotras siempre [...] *(alegrarse)* de ir a Alicante.
2. [...] *(levantarse / yo)* temprano para no llegar tarde al instituto.
3. A ella no le gustan las sorpresas. ¿No [...] *(acordarse / tú)*?
4. Elena [...] *(ponerse)* su vestido rojo.
5. Vosotros siempre [...] *(quejarse)* de los exámenes.
6. Después de la clase de Educación Física, los chicos [...] *(ducharse)*.
7. El día de un examen [...] *(ponerse / nosotros)* muy nerviosos.

▸ p. 110
57|11

8 **Formuliere Sätze mit hay que.**

Para	[...]	hay que	estudiar mucho. comprar frutas. tener un plano. tomar el avión. tener tiempo. hacer una foto

ANÍMATE

El monedero[1] de Elena

2|20

Hoy los chicos van a hacer una excursión a Tuy, una ciudad en la frontera[2] con Portugal. A las nueve y media casi todos los chicos están en el autobús con sus mochilas, sus chaquetas y sus móviles. Los monitores miran la lista de los chicos: ¿dónde están Paolo y Juanjo? Y Mar tampoco está. Pues, los chicos están todavía buscando sus cosas y, además, no tienen ganas de subir[3] al autobús. ¿Y Mar? Ahí viene, como siempre es la última. En el autobús Mar sólo ve un asiento[4] libre al lado de Verónica, una amiga de Aitor. También hay un asiento libre al lado de Mauricio, el monitor, pero allí … ¡mejor no! Menos mal que Elena dice: «Mar, ¡ven aquí! Aquí hay un asiento para ti.»

Por fin la excursión puede empezar. La estrella[5] del viaje es Aleixo, el chico de Pontevedra. Sabe mucho sobre la región y le encanta contar cosas: «Os voy a contar algo sobre Galo: Galo es el hijo de una bruja[6], es muy travieso y siempre roba[7] las cosas de los chicos. Cuando estás en Galicia, siempre tienes que decir: ¡Desconjuro![8] para no perder[9] tus cosas,» les explica Aleixo a sus compañeros. A todos les gusta la historia pero no le creen. «Déjate de cuentos[10],» le dice Elena mientras le escribe un mensaje a Sarah.

La catedral de Tuy

En Tuy los chicos pasean por las calles de la ciudad, visitan un museo, suben a la torre de la catedral[11], toman un montón de fotos y después quieren ir a la heladería que está al lado del río. Elena también, pero … ¿dónde está su monedero? Elena busca por todas partes: en su chaqueta y en su mochila, pero el monedero no está.

«¿Ves, Elena? Es Galo, el hijo de la bruja que tiene ahora tu monedero. Para encontrar tu monedero, tienes que decir ¡desconjuro!,» dice Aleixo. «Las brujas no existen y ese Galo tampoco existe. Es sólo una historia para niños pequeños,» le contesta Elena muy triste porque no tiene su monedero. «Vamos a buscar todos juntos,» dice Mauricio, el monitor, «Elena y Aleixo, volved al museo para preguntar. Paolo, Juanjo y Aitor pueden buscar por la calle y yo voy con Mar a la catedral.» «No te preocupes[12],» dice Aitor, «seguro que vamos a encontrar tu monedero.» «Bueno», piensa Elena, «este Aitor y sus amigos, seguro que no van a encontrar mi monedero porque van a hacer tonterías y nada más.»

A las cuatro de la tarde los chicos vuelven al autobús … sin el monedero. Durante el viaje todos los chicos están contentos menos Elena. Todos escuchan a Aleixo y sus historias, sólo Elena mira por la ventana. «Y ahora, ¿qué hago? ¿Una semana más sin monedero y sin dinero? ¿Qué va a decir mamá?»

1 el monedero *das Portmonee*
2 la frontera *die Grenze*
3 subir *hier einsteigen*
4 el asiento *der Sitz, der Platz*
5 la estrella *hier der Star*
6 la bruja *die Hexe*
7 robar *stehlen*
8 ¡Desconjuro! *Wort, um einen Zauber abzuwehren*
9 perder *verlieren*
10 ¡Déjate de cuentos! *Erzähl keine Geschichten!*
11 la torre de la catedral *Turm der Kathedrale*
12 No te preocupes. *Mach dir keine Sorgen.*

ALGO PARA LEER

1 a Formad tres grupos (A, B, C). Cada grupo lee una parte de la historia (A: líneas 1–14, B: líneas 15–26, C: líneas 26–44) y apunta las palabras clave:

¿quién? ¿con quién? ¿dónde? ¿cuándo? ¿cómo? ¿por qué?

b Jede Gruppe erzählt mit Hilfe ihrer Notizen den Anderen, was in „ihrem" Teil der Geschichte passiert.

2|20

Oncitos

Azul
el cielo
miramos las nubes
ellas pasan allí arriba
horizonte

alegres
las flores
son para ti
blancas, rojas, amarillas, rosas
¡Gracias!

bonito
el sol
en tus ojos
paseamos por la playa
sonríes

gracioso
el pájaro
canta su canción
arriba en el árbol
ruiseñor

Las reglas para escribir un oncito:
Un oncito es un poema con once palabras sobre un tema.

una palabra (adjetivo / color)	¿Cómo es?
dos palabras (artículo + sustantivo)	¿Qué es?
tres palabras	¿Qué pasa?
cuatro palabras	más información
una palabra	resumen

2 Escribid en parejas un oncito y presentadlo a vuestros compañeros.

UNA EXCURSIÓN

¡ACÉRCATE!

2|22

Javi y sus amigos quieren ir en bici hasta Aspe, el pueblo de los abuelos de Javi que está cerca de Alicante. Hace buen tiempo y hace sol.

Esteban: Chicas, allí vienen Aitor y Rafa …
Sarah: ¿Y dónde está Javi?
Elena: Pues mira, viene detrás de ellos.

Elena: Uf, ¡qué calor hace! Ya no puedo más ….
Javi: Sí, es verdad, hace mucho calor y además, creo que va a llover. ¿Ves esas nubes? Mi abuelo siempre dice que entonces va a haber tormenta.

Esteban: Javi, ¿falta mucho para llegar?
Javi: No, ya casi llegamos. ¿Ves la torre de la iglesia? Allí está el pueblo …
Esteban: Muy bien, pero por aquí no podemos pasar.

Aitor: ¿Qué le pasa a Elena?
Sarah: Quiere saber cuándo llegamos. Pregunta si no podemos hacer una pausa.

Hier lernst du
- eine Landschaft zu beschreiben
- sagen, dass dir etwas weh tut

Aitor: Elena, ¿estás mal? ¿Qué te pasa? ¿Te duele algo? ¿Estás enferma?

Elena: Sí, tengo calor, tengo un dolor de cabeza terrible, me duelen las piernas y, mira, creo que tengo algo en el pie.

Abuela: Es Javi … dice que están muy cerca, pero que Elena no puede seguir: tiene algo en el pie y cree que tiene que ir al médico. Pregunta si no puedes ir a buscar a la chica en coche.

VOCABULARIO

1 Describe la foto. Puedes utilizar:

▸ p. 111
60|1

Arriba Al fondo[1] En el centro Abajo En el primer plano[2] A la derecha A la izquierda	puedes ver [...].

Cerca Detrás Delante Al lado	del [...] de la [...]	hay un/a [...]. está el / la[...].

1 al fondo *im Hintergrund*
2 en el primer plano *im Vordergrund*

COMPRENDER

2 Ordena las frases. Las letras forman una palabra.

- **I** Entonces Javi llama a sus abuelos.
- **U** Los chicos están cerca del pueblo, pero no pueden pasar por un camino.
- **E** Javi y Rafa van con sus amigos en bici al pueblo de sus abuelos.
- **C** En el cielo hay muchas nubes y Javi dice que va a llover.
- **N** Javi pregunta si el abuelo puede ir a buscar a Elena.
- **S** Elena está mal y no puede seguir.
- **X** Elena está bastante cansada porque hace mucho calor.
- **Ó** Javi habla con su abuela y le dice que Elena tiene que ir al médico.
- **R** Aitor quiere saber si Elena está enferma.

HABLAR

3 Escribe cinco preguntas sobre el texto en tu cuaderno. Tu compañero/-a contesta.
Ejemplo: – ¿Por qué dice Javi que va a llover?
– Porque en el cielo hay muchas nubes.

¿Quién? ¿Dónde? ¿Cómo?
¿Cuándo? ¿Por qué? ¿Qué?

VOCABULARIO

61|4

4 a El tiempo: prepara un mapa mental con las expresiones del texto en tu cuaderno.

2|23 **b** Escucha y contesta: ¿quién va a salir hoy y adónde?, ¿quién no puede salir?, ¿por qué?

DELE

ESCUCHAR

2|24 62|6

5 a ¿Qué le duele? Escucha: ¿en qué orden hablan los chicos? Apunta los números en tu cuaderno.

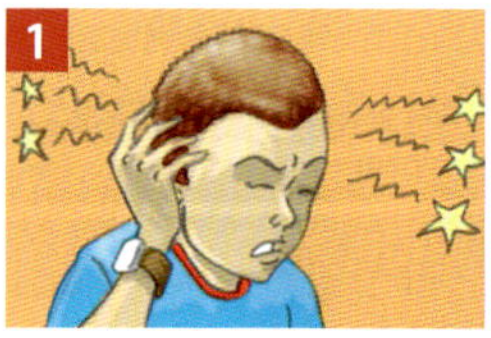

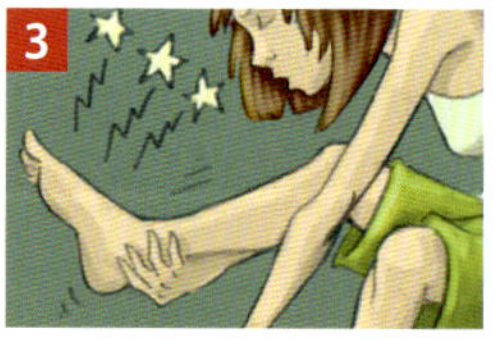

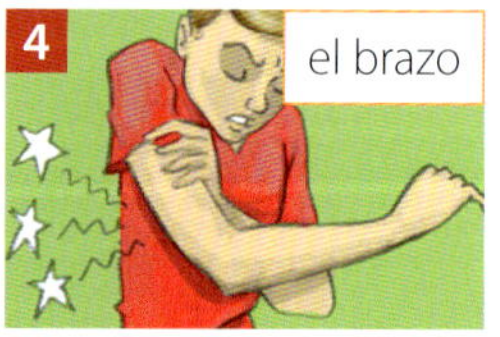

b Haz preguntas a tu compañero/-a. Él / ella contesta como en el ejemplo.
Ejemplo: ¿Por qué no vas en bici? – Porque me duelen las piernas.

¿Por qué (no) [...]?

ir en bici *jugar* con nosotros al balonmano *venir* a clase *comer* algo
volver a casa *ir* al médico *llevar* la mochila *escribir* en tu cuaderno

Hier lernst du
- zu sagen, was du heute gemacht hast

¿QUÉ HAS HECHO HOY?

2|25

1 Escucha el diálogo. | Höre dir das Gespräch an und sprich leise mit.

Madre: En cinco minutos vamos a comer … ¿ya has comprado el pan?
Carlos: No, todavía no … no te preocupes, ahora voy al supermercado.
Madre: Y … ¿has hecho los deberes para mañana?
Carlos: No, todavía no, es que no he tenido tiempo para eso.
Madre: Pero, chico, son las nueve. ¿Qué has hecho esta tarde?
Carlos: Bueno, he estado en el hospital …
Madre: Pero, ¡Carlos! ¿Qué ha pasado? ¿Por qué no me has llamado?
Carlos: Tranquila, mamá. Mira, esta mañana, Jorge ha tenido un accidente con la bici. Tiene algo en el pie, pero el médico dice que ha tenido suerte. Inés me ha llamado y hemos ido juntos al hospital. Pero Jorge ya está en casa.

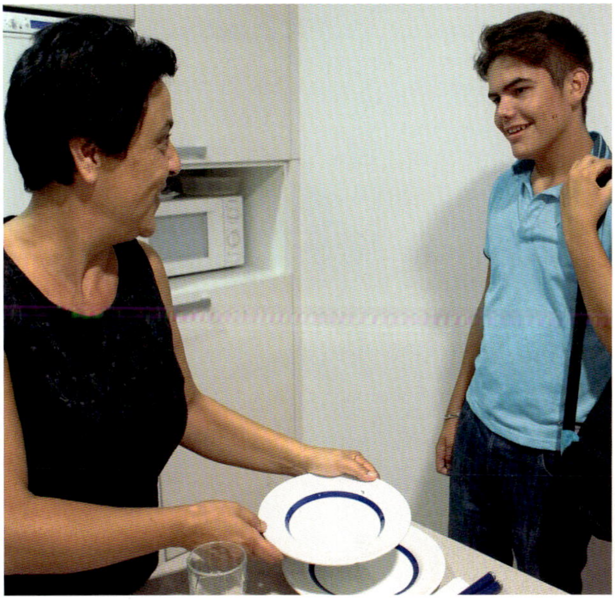

2|26

2 Escucha, lee y repite.

A: ¿Qué [•••]?
B: [•••] los deberes.
A: ¿[•••] el examen de Inglés?
B: No, [•••] para eso.
A: ¿[•••]?
B: Sí, [•••] mucha hambre.

3 Haced el diálogo.

A

¿Qué has hecho	esta tarde? hoy?

B

He	hecho los deberes. ido en bici al cole. ido al hospital con …. jugado al fútbol.

¿Has	preparado ya el examen de Inglés? comido ya? hablado ya con tus padres? comprado ya el pan?

Sí, lo he preparado con ….
Sí, es que he tenido mucha hambre.
Sí, esta tarde he hablado con ellos.
Sí, y también he comprado leche.

Hier lernst du
- zu erzählen, was heute passiert ist

¡HA TENIDO SUERTE!

2|27

Mientras los chicos esperan, Rafa y Aitor ayudan a Elena. Rafa está en el grupo de socorristas del instituto y ha aprendido muchas cosas sobre primeros auxilios. Unos minutos después el abuelo llega en el coche y Sarah y Elena se van con él. Los otros chicos siguen a pie y llevan las bicis de las chicas, pero cuando llegan a casa no hay nadie. ¿Dónde están los abuelos y las chicas? ¿Qué ha pasado?
«Hola, señora, ¿usted no ha visto a mis abuelos?» pregunta Javi a la vecina que mira por la ventana de su casa. «Se han ido todos al médico, pero me han dejado la llave de la casa,» contesta ella.

Los chicos van a la cocina, beben toda el agua que encuentran en la nevera y después esperan a las chicas y a los abuelos delante de la casa. Por fin vuelven y Elena sale del coche. Ella lleva un vendaje impresionante y una muleta, pero ya está sonriendo otra vez.
«El médico dice que he tenido suerte, no es nada, sólo me he torcido el pie derecho. Pero no puedo volver en bici a Alicante.»
«¿Ya has avisado a tu madre?» pregunta Javi.
«No, todavía no he podido hablar con ella, pero le he dejado un mensaje. Seguro que no puede venir porque hoy se ha ido a Valencia y creo que todavía no ha vuelto. Ahora no sé qué hacer.»
«No pasa nada.», dice la abuela, «¿No queréis pasar la noche aquí? Tenemos sitio para todos. Las chicas duermen en la habitación pequeña y para los chicos podemos montar la tienda de campaña en el jardín. ¿Qué pensáis? No habéis dormido nunca fuera, ¿verdad? Y seguro que mañana la madre de Elena tiene tiempo para venir. Pero primero tenéis que preguntar a vuestros padres.»

En este momento suena el teléfono de Elena:
Elena: Es mamá, creo que ahora sí se ha asustado.
Madre: Hija, ¿qué has hecho? ¿Qué te ha dicho el médico?
Elena: No te preocupes, mamá, esta mañana he tenido un accidente con la bici, pero ya hemos estado en el hospital. Sólo me he torcido el pie. Por eso queremos dormir aquí en casa de los abuelos de Javi. ¿Puedo?

Sarah: Elena, ¿qué te ha dicho tu madre?
Elena: Pues, que puedo pasar la noche aquí. Oye, Esteban, ¿ya les has escrito un mensaje a tus padres?
Esteban: No, he llamado por teléfono y ¡vaya bronca que me han echado! Dicen que seguro que hemos sido imprudentes, pero también dicen que puedo dormir aquí.

COMPRENDER

1 a Estas frases son un resumen del texto. Relaciona las partes que van juntas.

64|1

1. Cuando Elena vuelve del médico,
2. Los otros chicos siguen a pie
3. Menos mal que pueden pasar la noche
4. Rafa es socorrista,
5. Elena se ha torcido el pie,
6. Por fin el abuelo viene
7. En casa de los abuelos no hay nadie

h. en casa de los abuelos.
f. y no puede volver en bici a Alicante.
a. lleva un vendaje impresionante.
i. a la casa de los abuelos.
b. por eso puede ayudar a Elena.
d. porque todos se han ido al médico.
e. y las chicas se van con él.

b Ordena las frases y escribe el resumen en tu cuaderno.

DESCUBRIR

64|2 **2 a** Copia la lista en tu cuaderno, después ordena los participios en ella.

pasado llamado dejado escrito tenido podido echado hecho

-ar	-er / -ir	irregular
pasado […]	[…]	[…]

b Nenne zu jedem Partizip den Infinitiv und formuliere eine Regel:
Wie bildest du das Partizip der Verben auf -ar und -er / -ir? ▸▸ Resumen 2, p. 99

PRACTICAR

DELE **3** Completa con una forma de haber. ▸▸ Resumen 2, p. 99

1. **Javi:** ¿[…] (vosotros) visto a Elena hoy?
2. **Sarah:** Yo sí, esta mañana […] (nosotras) ido juntas al insti.
3. **Esteban:** Y esta tarde […] (yo) ido con ella al médico.
4. **Javi:** ¿Otra vez […] (ella) tenido que ir al médico?
5. **Esteban:** Sí, pero no es nada. Y tú, ¿dónde […] estado esta tarde?
6. **Javi:** […] tenido que esperar en casa a mis abuelos, […] (ellos) llegado ya.

HABLAR

▸ p. 111 **4 a** ¿Qué (no) has hecho hoy? Apunta tres actividades. ▸▸ Resumen 2, p. 99

Esta mañana Ya Hoy Todavía no

comer
discutir
leer
salir

contar
comprar
escuchar
jugar
ordenar
estudiar para …

escribir
hacer
ver

b Pregunta a tu compañero / compañera. Él / ella contesta.
Ejemplo: – ¿Qué has hecho hoy?
– He jugado al fútbol, pero todavía no he estudiado para el examen.

c Presenta a tu compañero / tu compañera.
Ejemplo: Hoy, Finn ha jugado al fútbol, pero todavía no ha estudiado para el examen.

5 Vuelves del médico y tus amigos te hacen muchas preguntas. Inventad en grupos más preguntas y también las respuestas. Después representad la escena.

Ejemplo:

¿Te duele algo?
¿Qué te ha pasado?
Me he torcido el pie.
¿Y ahora: qué vas a hacer?
¿Puedes ir a clase con las muletas?

MEDIACIÓN

2|25 **6** Estás con tus padres en España. Esta mañana, tu hermana está mal y vais al médico.
Escucha y traduce para los dos. ▸▸ Destrezas, p. 121

ESCUCHAR

2|29

7 Escucha y apunta la letra en tu cuaderno:
¿por qué los cuatro chicos han llegado tarde a clase esta mañana?

1. Javi **a** ha venido a pie. **b** ha venido en bus.
2. Esteban **c** se ha levantado tarde. **d** ha tenido que esperar el bus.
3. Elena **e** ha ido al médico. **f** ha esperado mucho tiempo en el hospital.
4. Sarah **g** ha tenido una bronca con su madre. **h** ha ordenado su habitación.

APRENDER MEJOR

8 **Fehler selber korrigieren**

▸ p. 111

a Los chicos quieren dormir fuera en el jardín de los abuelos de Esteban. Mira el dibujo. ¿Qué pasa durante la noche en la tienda? Escribe un texto en tu cuaderno. Utiliza: mientras, por eso, cuando, por fin, al final, seguro que, de repente.

b Lee el texto que has escrito y corrige tus errores.

Destreza
Wenn du einen Text auf Spanisch geschrieben hast, kannst du selbst prüfen, ob du Fehler gemacht hast. Lies den Text mehrmals durch und achte immer nur auf einen Punkt, zum Beispiel:

el libro, **la** chica mi**s** amigo**s**, la**s** amiga**s** much**os** libr**os** / **La** ciudad es muy pequeñ**a**.	Ist das Nomen – männlich oder weiblich? – im Singular oder im Plural? Ist der Begleiter angeglichen?
No encuentra las llaves. Busca **a** Elena.	Ist das direkte Objekt eine Person?
Mis padres han ten**ido** una idea. Sólo hemos **visto** el barrio.	Wenn du das pretérito perfecto verwendest: – Hast du das richtige Partizip verwendet? – Ist das Partizip vielleicht unregelmäßig?
¿**Qué** pasa …? / **¿**Est**á**s seguro?	Prüfe auch die Akzente und die Satzzeichen!

PUNTO FINAL 7

9 Describid vuestras actividades de hoy en un blog para vuestros compañeros en España. ¿Qué habéis hecho hoy en el colegio / en casa / con los amigos?

a Trabajad en tres grupos, cada uno apunta las actividades:
- en el colegio
- en casa
- con los amigos

b Elegid las actividades que queréis presentar: actividades interesantes, típicas, aburridas … Después cada grupo escribe su texto.

c Leed y discutid los textos juntos.

RESUMEN DE GRAMÁTICA

1 El estilo indirecto sin cambio de tiempo verbal | Die indirekte Rede ohne Zeitverschiebung

1.1 La oración indirecta | Der indirekte Aussagesatz

Javi: «Tengo hambre.» — Javi **dice que** tiene hambre.
Elena: «Creo que me he torcido el pie.» — Elena **cree que** se ha torcido el pie.

1.2 La pregunta indirecta | Die indirekte Frage

Aitor pregunta: — Aitor pregunta/quiere saber …
«¿Dónde está el pueblo?» — … **dónde** está el pueblo.
«¿Cuándo llegamos?» — … **cuándo** llegan.
«¿Por qué no hacemos una pausa?» — … **por qué** no hacen una pausa.
«¿Estás enferma?» — … **si** Elena está enferma.

2 El pretérito perfecto | Das Perfekt

2.1 Participios regulares | Regelmäßige Partizipien

Hoy	**he**				
Esta mañana	**has**	estudi**ado** mucho.	estudi**ar**	→	estudi**ado**
Esta semana	**ha**	ten**ido** que ir al médico.	ten**er**	→	ten**ido**
Ya	**hemos**	recib**ido** el horario nuevo.	recib**ir**	→	recib**ido**
Hasta ahora	**habéis**				
Todavía no	**han**				

2.2 Participios irregulares | Unregelmäßige Partizipien

ver	→ **visto**	escribir	→ **escrito**
volver	→ **vuelto**	abrir	→ **abierto**
hacer	→ **hecho**	poner	→ **puesto**
decir	→ **dicho**	leer	→ **leído**

¿Qué **te** ha pasado?
No ha dicho nada.
¿Por qué **no le** has dado el libro?

3 La negación con no … nadie / nada / nunca | Die Verneinung mit no … nadie / nada / nunca

En casa	**no**	hay	**nadie**	.
Javi dice que	**no**	pasa	**nada**	.
Los chicos	**no**	han dormido	**nunca**	fuera.

4 Las conjunciones mientras y cuando | Die Konjunktionen mientras und cuando

Mientras los chicos esperan, Rafa y Aitor ayudan a Elena.
Cuando los abuelos vienen, todos van al pueblo.

EJERCICIOS FACULTATIVOS

62|7 **1** **Los chicos esperan al abuelo. ¿Qué dicen / piensan?** ▸▸ Resumen 1, p. 99
Ejemplo: Javi cree que va a llover.

Javi		
Rafa	dice	
Aitor	piensa	que …
Elena	contesta	
Sarah	cree	
Esteban		

62|7 **2** **Sarah tiene visita de amigos de Hamburgo que no hablan español. Ella traduce para los chicos.** ▸▸ Resumen 1, p. 99

Preguntan Quieren saber	si … cuándo … dónde … cómo … por qué …

3 Cuenta y utiliza el pretérito perfecto. ▶▶ Resumen 2, p. 99

65|2

1 
esta tarde / *ayudar*

2 
esta mañana / *salir* temprano

3 
esta tarde / *ir* a la piscina

4 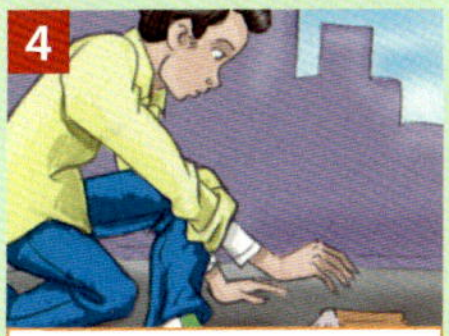
hoy / *encontrar*

5 
todavía no / *ordenar*

6 
hoy / *llamar*

7 
esta mañana / *levantarse* tarde

8 
esta mañana / *recibir*

4 **La madre de Elena vuelve a casa. Formula las respuestas de Elena. Utiliza el pretérito perfecto. También puedes utilizar:** ya, todavía no. ▶▶ Resumen 2, p. 99

65|3

escribir el texto para mañana	*escuchar* música
llamar a Sarah	*fregar* los platos
dormir un rato	*poner* la mesa
ver un poco la tele	*jugar* con mi periquito
leer un poco	*ordenar* mis cedés
hacer los deberes	*charlar* un rato con la vecina

Einige Partizipien sind unregelmäßig.

DELE **5 a** **Completa con las formas correctas de los verbos. Utiliza el presente.** ▶▶ Resumen 2.2, p. 99

65|4

Padre: Chico, ¿qué te pasa? ¿Por qué [...] *(volver / tú)* ya?
Javi: Me [...] *(doler)* la cabeza y no [...] *(poder / yo)* hacer deporte.
Padre: Pues, ¿por qué no [...] *(dormir / tú)* un rato? Y después [...] *(poder / tú)* ir conmigo al aeropuerto[1].
Javi: ¿Al aeropuerto?
Padre: ¿No [...] *(acordarse / tú)*? Esta tarde [...] *(volver)* la tía Vera y tus primos Ana y Carlos. Mira, vamos al aeropuerto, después a casa de ellos y [...] *(dormir)* todos ahí, ¿no te gusta la idea?
Javi: Ay, no, yo no [...] *(poder)* ir contigo, esta tarde va a venir Esteban. Además Carlos y Ana siempre [...] *(contar)* chistes tontos. ¿No [...] *(poder)* Rafa ir contigo?
Padre: No, Javi ... oye, no [...] *(encontrar / yo)* las llaves del coche. ¿Sabes dónde están?

1 el aeropuerto *der Flughafen*

b **Escucha y compara con tu solución.**

2|30

6 **Carlos y Ana son hermanos, pero son muy diferentes. Lee las frases sobre Carlos. Después describe a Ana y utiliza** no ... nunca, no ... nada, no ... nadie. ▶▶ Resumen 3, p. 99

66|8

Ejemplo: 1. Cristina no hace nunca sus deberes

1. Carlos siempre hace sus deberes.
2. Siempre participa en clase.
3. Las clases de Matemáticas le gustan mucho.
4. Por las tardes, estudia con sus compañeros.
5. Siempre se levanta temprano.
6. Después del instituto siempre vuelve tarde a casa.
7. Siempre lleva zapatillas de deporte.
8. Los jueves siempre va al polideportivo con sus amigos.
9. Cuando tiene un problema habla con sus amigos.
10. Siempre tiene ganas de hacer deporte.

REPASO 2 UNIDADES 4–7

Hier kannst du die Vokabeln und die Grammatik wiederholen, die du in den Unidades 4–7 gelernt hast.
Das Arbeitsblatt zu Repaso 2 findest du unter www.cornelsen.de/webcodes APU-2-44

ESCUCHAR

2|31

1 a Escucha y haz apuntes: ¿qué dice Ana?

b Después Javi quiere saber todo. Elena le cuenta. Escribe seis frases en estilo indirecto. Utiliza tus apuntes de **a**.

Ejemplo: Ana dice que …

VOCABULARIO

2 ¿Qué están haciendo los chicos y las chicas? Escribe frases como en el ejemplo. Utiliza los números ordinales.
Ejemplo: El primer chico está …

3 a Continúa la serie y escribe tres palabras más en cada serie.

1. jugar al balonmano – bucear – […]
2. la mano – la cabeza – […]
3. poner la mesa – hacer las camas – […]
4. la calle – el semáforo – la esquina – […]
5. la montaña – el horizonte – el bosque – […]
6. levantarse – ducharse – […]
7. el tiempo – la nube – el cielo – […]
8. […]

b Escribe ocho frases con las palabras de **a**. Utiliza palabras de cada serie.

PRACTICAR

4 Aitor habla con su madre. Completa el diálogo con las formas del pretérito perfecto.

Madre: ¿Qué tal […] *(ser)* tu primer día?
Aitor: Pues, … hoy casi […] *(llegar)* tarde al insti.
Madre: ¿Por qué? ¿Qué […] *(pasar)* esta mañana?
Aitor: No […] *(coger)* la calle correcta y […] *(tener)* que preguntar a un señor.
Madre: ¡Ay, Aitor! ¿Y qué tal los profes?
Aitor: Bien. Mis compañeros y yo […] *(recibir)* el horario nuevo. Y […] *(quedar / yo)* con dos compañeros en la piscina.
Madre: ¿Y qué […] *(hacer)* esta tarde?
Aitor: Esta tarde los chicos del insti y yo […] *(jugar)* al fútbol.
Madre: ¿Y ya […] *(preparar)* la mochila para mañana?
Aitor: No, todavía no […] *(terminar)* los deberes y no […] *(escribir)* el texto en mi cuaderno.
Madre: Bueno, entonces date prisa. Son las nueve y ya […] *(poner)* la mesa para cenar.

5 Completa con los pronombres de complemento indirecto.

1 «¿Qué [...] pasa?» – «[...] duele la cabeza.»

2 «¿No [...] gusta la película?»

3 Los chicos [...] cantan a Javi «¡Cumpleaños feliz!»

4 «¡Qué sorpresa! [...] ha escrito José Enrique de Costa Rica.»

5 «[...] gusta mucho jugar en la playa.»

6 «Oye, ¿[...] gusta ese chico?»

APRENDER MEJOR

6 a Grammatik / Vokabeln besser lernen
Suche dir ein Thema (gramática oder vocabulario) aus, das du gerne üben willst und entwirf eine eigene Übung dazu. Bereite für deine Übung auch ein Lösungsblatt vor.

Destreza
Um selbst Übungen zu gestalten, schau dir zunächst in deinem Buch und im Cuaderno de ejercicios an, welche Übungstypen es gibt (z. B. Lückenübungen, verdadero-falso-Übungen, Konjugationsübungen usw.) und welche am besten zu deinem Thema passen könnten. Denk dir nun eine eigene Übung aus und schreibe sie auf. Denke auch daran, die Lösungen auf ein Extra-Blatt zu schreiben.

b Besprecht zu dritt eure Übungen und lasst sie dann von einer anderen Gruppe bearbeiten. Wenn die Gruppe damit Probleme hat, könnt ihr als Expertenteam helfen.

BÚSQUEDA DE INFORMACIÓN

7 a Busca en internet un campamento de verano: ¿dónde está?, ¿cómo se llama?, ¿qué se puede hacer allí?
Presenta tu campamento a la clase.

b Imagina que tú estás en un campamento de verano. Escribe una postal a un/a amigo/-a español/a. Utiliza información de **a**.

ANEXO

DIFFERENZIERUNGSAUFGABEN

UNIDAD 1

página 11

I/O **1 a** Lee los diálogos. Relaciona las horas con los dibujos. | Lies die Dialoge und ordne die Uhrzeiten den Zeichnungen zu.

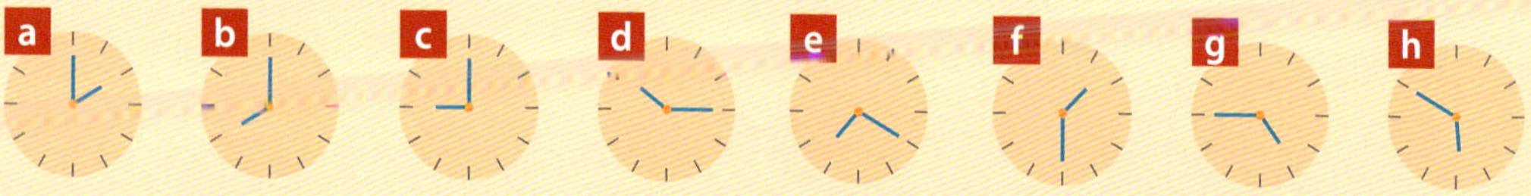

Es la una y media. | Son las cinco menos cuarto. | Son las nueve. | Son las siete y veinte. | Son las ocho. | Son las seis menos diez. | Son las diez y cuarto. | Son las dos.

página 16

I/O **2 a** Escribe seis preguntas sobre el texto A ¿Vamos a la playa? en tu cuaderno.
Tipp: Denke daran, die Verben zu konjugieren.

1. ¿Quién *llamar* a Esteban?
2. ¿Quiénes *ir* al Museo del Juguete?
3. ¿Adónde *ir* Javi y sus primos?
4. ¿Cuándo tener Elena clase de baile español?
5. ¿A qué hora *quedar* Esteban y Sarah?
6. ¿Por qué Esteban no *contestar*?

UNIDAD 2

página 24

I/O **5** Elena hace propuestas, Javi contesta. Preparad los diálogos como en el ejemplo. | Elena macht Vorschläge, Javi antwortet. ▸▸ Resumen 3, p. 31

¿Vamos con Esteban a la piscina **el lunes**?

el lunes = am Montag
los lunes *(pl.)* = montags

Lo siento, no puedo, **los lunes** siempre tengo clases de guitarra.

25 lunes	26 martes	27 miércoles	28 jueves	29 viernes	30 sábado
tener clases de guitarra	ir a casa de la tía María	cuidar el perro de Sarah	hacer los deberes de Inglés con Sarah	estudiar para el examen de Mates	ir al cine

página 24

1|16

6 Los chicos hablan sobre sus asignaturas favoritas. Escucha y relaciona los nombres. |
Wer sagt das? Höre zu und ordne die Namen zu.

Paula Clara Rafa

1. [...]: Tecnología e Inglés
2. [...]: Matemáticas y Música
3. [...]: Educación Fisíca y Música

página 25

3 Describe a los chicos: ¿cómo están hoy?
Tipp: Denke daran, die Adjektive anzugleichen.

[...] está	contento/-a cansado/-a harto/-a nervioso/-a solo/-a	porque	tiene un examen mañana. sus padres no están en casa. Inglés es su asignatura favorita. por la tarde va a la playa con sus amigos. su hermana siempre deja sus cosas en su habitación. siempre lee mucho por la noche.

página 26

6 Geht in der Klasse umher und fragt drei von euren Mitschülern, wie es ihm / ihr geht. Macht Notizen.

¿Cómo estás? / ¿Qué tal?

Hoy estoy	*harto/-a de [...]* *nervioso/-a* *bien* *contento/-a*	*porque ...*

página 29

7 Ahora describe tu día. Escribe un texto en tu cuaderno.

primero después
a las [...] además

desayunar con mi familia *ir* al colegio
comer *salir* con amigos *jugar* a [...]
hacer deberes *chatear*

página 33

4 b ¿Dónde está Guillermo? | Fragt euch, wo Guillermo zu welcher Tageszeit ist.

Por la mañana A la hora de comer Por la tarde Por la noche	está	en casa. en casa de Luis. en la cocina. en su habitación. en el colegio. en el autobús. en la calle. en el polideportivo.

¿Dónde está Guillermo por la mañana?

Primero está en casa. Después ...

página 33

6 Tienes que contar. ¿Qué cosas hay en la mesa? Utilizad: ¿cuántos / cuántas?. | Fragt euch gegenseitig, wie viele von den Sachen ihr auf dem Tisch seht.

¿Cuántos vasos hay?

Hay [...] vasos.

el boli | el loro | el móvil | la naranja | la pelota | el reloj | el vaso

la carpeta | el cartel | la foto | el DVD | la goma | el lápiz | el libro | el ordenador

UNIDAD 3

pàgina 38

4 Escucha la canción y apunta: ¿qué ropa hay? | Notiere mindestens vier Kleidungsstücke in deinem Heft.

un sombrero | un chándal | una falda | vaqueros | una camiseta | una camisa | un zapato | un jersey | un abrigo | una chaqueta | un pantalón | zapatillas | una gorra

8 Pregunta a tu compañero / tu compañera. Él / ella contesta.

¿Qué llevas
- para ir al cumpleaños de tu abuela?
- para hacer deporte?
- para salir con el perro?
- para salir con tus amigos?

Para hacer deporte llevo [...]

Para ir al cumpleaños de mi abuela	llevo	vaqueros pantalones	azules. blancos.	rojos. amarillos.	negros. verdes.
Para hacer deporte		una camisa una camiseta una gorra	blanca. negra.	verde. roja.	azul. amarilla.
Para salir con el perro Para salir con mis amigos		un jersey un chándal un vestido	blanco. negro.	amarillo. rojo.	verde. azul.

pàgina 44

7 b ¿Qué prefieres? Haced diálogos como en el ejemplo.
Ejemplo: – ¿Te gusta este vestido?
– No me gusta mucho. Prefiero ese de ahí.

UNIDAD 4

página 51

1 b ¿Qué (no) te gusta a ti? Mira los carteles y contesta. | Was magst du (nicht)? Schaue dir die Plakate an und erzähle.

Para el desayuno	también me gusta no me gusta tomo prefiero	zumo de manzana. fruta. queso. pan. gallo pinto con huevos. leche o Cola Cao.
	también me gustan no me gustan tomo prefiero	cereales. cruasanes. galletas. tostadas con mantequilla y mermelada. embutidos.

página 54

1 b Escucha y repite. | Höre zu und sprich nach, was die beiden kaufen werden.

Vamos a comprar	una botella de [...]. un paquete de [...]. un litro de [...]. cinco [...]. medio kilo de [...].

página 58

//O **10 a** ¿Qué dice Elena? ¿Qué dice el vendedor? Escucha y ordena las frases. Después escribe el diálogo en tu cuaderno. | Was sagt Elena? Was sagt der Verkäufer? Ordne die Sätze und schreibe den Dialog in dein Heft.

el vendedor	Elena
Sí, claro, aquí están las botellas.	También quiero cien gramos de jamón. ¿Cuánto es?
Aquí tienes. ¿Y qué más?	Muy bien. Una botella de agua y un litro de leche, por favor.
Gracias a ti. Adiós.	Adiós.
Aquí tienes. ¿Y qué más?	Oh, no gracias, el jamón es muy caro.
Son 3 euros con 95.	¿Tiene agua?
Hola, buenos días.	Aquí tiene. Gracias.
¿El jamón? Cien gramos son 3 euros con 20.	Hola. Necesito medio kilo de plátanos.
	Es todo. ¿Cuánto es?

UNIDAD 5

página 72

//O **3 b** Describe: ¿qué están haciendo los chicos? Utiliza el gerundio.

Un chico está Una chica está	*hablar* por teléfono.	*comer* un bocadillo.	*mirar* por la ventana.
	mirar la tele.	*leer* un libro.	*jugar*.
Dos chicos están	*escuchar* música.	*beber* zumo.	*charlar*.
		escribir.	

página 73

//O **4 b** Elena escribe una postal a su madre. Escribe el texto en tu cuaderno. ▸▸ Destrezas, p. 120

como son los otros chicos

donde vive y con quién

actividades

tener que ayudar en la cocina

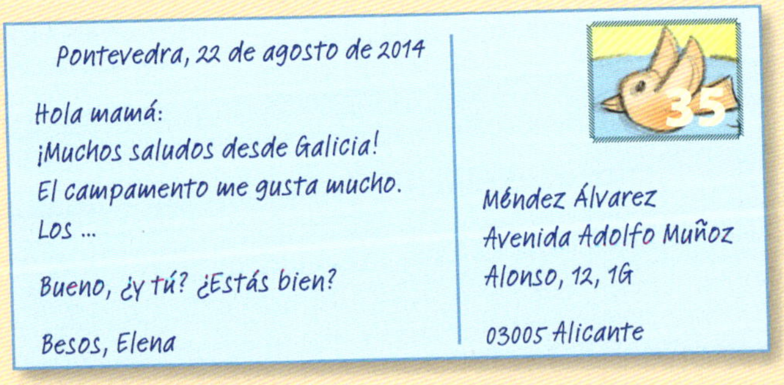
Pontevedra, 22 de agosto de 2014

Hola mamá:
¡Muchos saludos desde Galicia!
El campamento me gusta mucho.
Los ...

Bueno, ¿y tú? ¿Estás bien?

Besos, Elena

Méndez Álvarez
Avenida Adolfo Muñoz
Alonso, 12, 1G

03005 Alicante

En el campamento	hay	muchos animales. muchos chicos.
		¡puedo montar a caballo! podemos jugar al balonmano. los monitores organizan torneos y excursiones.
Los chicos son		muy majos, pero hay uno al que no aguanto. bastante divertidos. muy deportistas.
Todos los chicos		ayudan en la cocina. ponen la mesa. limpian el comedor. friegan los platos.
Las tres chicas en mi cabaña		se llaman Alina, Bea y Mar. también tienen 13 años.

página 73

6 a Elena no aguanta a Aitor. ¿Por qué? ¿Qué hace Elena y qué hace Aitor?
Ejemplo: Elena está escribiendo un mensaje y Aitor está leyendo en su móvil.

- *leer* algo en la biblioteca / *buscar* un libro
- *jugar* al balonmano / *tomar* el pelo a las chicas
- *escribir* un e-mail en el ordenador / *hablar* todo el tiempo
- *ayudar* en la cocina / *fregar* platos
- *poner* la mesa / *limpiar* el comedor
- *llamar* por teléfono / *escuchar*

página 74

8 a Lee las preguntas y después escucha. Escribe las respuestas en tu cuaderno.

1. ¿Cuántos puntos tiene Aitor?
   Tiene **a** 20 puntos.
   b 25 puntos.
   c 15 puntos.
2. ¿Y Elena?
   Tiene **a** 3 puntos.
   b 13 puntos.
   c 30 puntos.
3. ¿Qué dice Elena sobre Aitor y el fútbol?
   a Ya sabemos que te gusta el fútbol
   b Ya sabemos que no te gusta el fútbol.
   a Seguro que contigo van a ganar.
   b Seguro que contigo no van a ganar.

UNIDAD 6

página 80

5 Jugad con un dado y formad frases. | Die gewürfelte Zahl bestimmt das Fortbewegungsmittel.

Para ir	a	Costa Rica España Alicante	hay que	(1) coger el avión[1]. (2) coger el tren[2]. (3) coger el bus.
	al	instituto castillo cibercafé supermercado centro		
	a la	hamburguesería playa panadería		
A		Costa Rica España Alicante	puedes	(4) ir en coche. (5) ir en bici. (6) ir a pie.
Al		instituto castillo cibercafé supermercado centro		
A la		hamburguesería playa panadería		

1 el avión *Flugzeug*
2 el tren *Zug*

página 84

2|17

4 a Valentina, una amiga de Elena, no tiene el horario. Ella llama a Elena. Escucha y completa el horario en tu cuaderno.

1. En la primera hora tenemos [...].
2. En la segunda [...].
3. En la tercera hora tenemos [...].
4. En la cuarta tenemos [...].
5. En la quinta y en la sexta [...].

Inglés | Lengua y Literatura | Educación Física | Matemáticas | Ciencias de la Naturaleza

página 86

10 Después de las clases vas a casa. En la calle encuentras a una chica. Formula el diálogo en español.

Claro que sí. ¡Vamos! | Me parece muy bonita. Pero no sé donde están las tiendas. | Perdona, soy nueva en la ciudad. ¿Hay un supermercado cerca de aquí? | ¿Vives cerca? | Pues, hay un supermercado muy cerca. ¿Vamos juntos? | ¿Qué te parece la ciudad? | Vivo en la calle Alfonso el tercero.

página 88

1 a Aitor está en la plaza y busca la biblioteca. Javi le explica el camino. Mira el plano y completa el diálogo. | Javi erklärt mit Hilfe einer Skizze den Weg zur Bibliothek. Schreibe den Dialog in dein Heft und ergänze ihn.

a la derecha – a la izquierda – la segunda – lejos – semáforo – todo recto

Aitor: ¿Sabes dónde está la biblioteca? ¿Está [...]?
Javi: No, ¡qué va! Está muy cerca de aquí. Mira, ve por esta calle [...], hasta el semáforo.y allí [...]. Sigue la calle Gran Vía y después coge [...] calle a [...]. Allí está la bibliotcea.
Aitor: Pues, ¿aquí [...], después a la izquierda y entonces la segunda calle a la izquierda?
Javi: No, en el semáforo tienes que ir [...].
Aitor: Ah, bien. ¡Muchas gracias!

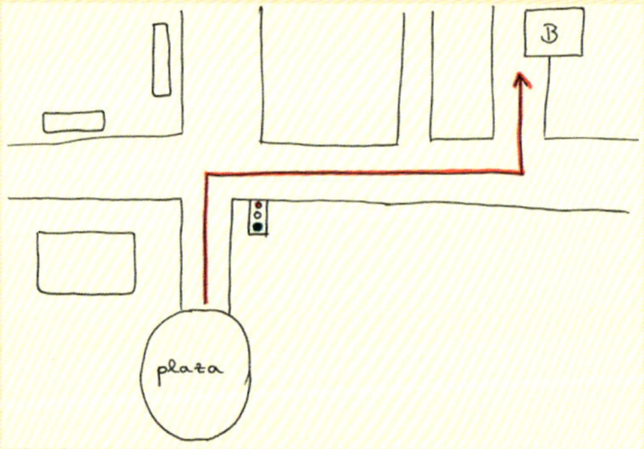

página 89

8 Formuliere Sätze mit hay que.

Para	ir a Costa Rica preparar una macedonia tener buenas notas tener una mascota saber el camino acordarse de las vacaciones	hay que	tener tiempo. comprar frutas. hacer una foto. tomar el avión. estudiar mucho. tener un plano.

UNIDAD 7

página 93

1 Describe la foto. Puedes utilizar:

Arriba Al fondo[1] En el centro Abajo En el primer plano[2] A la derecha A la izquierda	puedes ver	el cielo. la montaña. una nube. / nubes. el horizonte. la torre de la iglesia. el pueblo. el bosque. árboles.

1 al fondo *im Hintergrund*
2 en el primer plano *im Vordergrund*

Cerca Detrás Delante Al lado	del	horizonte bosque pueblo	hay un/a […]. está el / la […].
	de la	nube torre de la iglesia	

página 97

4 a ¿Qué (no) has hecho hoy? Apunta tres actividades.

Esta mañana Ya Hoy Todavía no	he	comido con mi familia. discutido con mis padres / amigos. salido con mi amiga / amigo. leído un libro.	escrito ! un examen. hecho ! los deberes. visto ! la tele.
		contado un chiste. comprado un helado. escuchado música. jugado al fútbol. ordenado mi habitación. estudiado para el examen.	

página 98

8 Fehler selber korrigieren

a Los chicos quieren dormir fuera en el jardín de los abuelos de Esteban. Mira el dibujo. ¿Qué pasa durante la noche en la tienda? Escribe un texto en tu cuaderno. Puedes utilizar: mientras, por eso, cuando, por fin, al final, seguro que, de repente.

poner la tienda | *estar* cansados | *jugar* al fútbol hasta las once | *ser* hora de dormir | *ser* una sorpresa | *tener* miedo | *salir* | *estar* en la tienda | *ver* un perro grande / terrible | *tener* cuidado | Zorro, el perro de los vecinos | las chicas: mirar por la ventana

DESTREZAS

HÖREN

1 Vor dem Hören

Die Aufgabenstellung lesen und verstehen

1. Zuerst liest du dir die Aufgabenstellung genau durch und stellst dich auf die beschriebene Situation ein. Du erfährst z.B., ob du ein Gespräch am Telefon, auf dem Markt oder in der Schule hören wirst. Neben einigen Aufgaben stehen Bilder. Sie liefern dir wichtige Informationen.
2. Oft musst du aus einem Hörtext nur bestimmte Informationen heraushören. Lies also die Aufgabenstellung ein zweites Mal gründlich durch und frage dich, was du erfahren sollst.
3. Schreibe Signalwörter auf, auf die du achten willst.

Probiere es gleich aus:
1 Schüler aus verschiedenen Städten sprechen über ihr Wohnviertel. Du sollst heraushören, wer in der Nähe des Fußballstadions wohnt. Überlege dir, auf welche Wörter du beim Hören besonders achten musst.
2 Vergleiche deine Wörter mit denen, die dein Lernpartner/deine Lernpartnerin aufgeschrieben hat. Besprecht eure Ergebnisse zu zweit.

Tabelle vorbereiten

Bereite eine Tabelle vor, in die du während des Hörens die gesuchten Informationen einträgst. Du sollst z. B. herausfinden, wer auf einer Geburtstagsfeier was essen / trinken möchte. Dazu legst du dir eine Tabelle mit den Namen der Schüler/innen und einer weiteren Zeile für den Wochentag an.

	Javi	Esteban	Elena	Sarah
¿Qué?	helado			

Probiere es gleich aus:
Lies die folgende Aufgabenstellung und bereite eine Tabelle vor. Vergleiche im Anschluss deine Tabelle mit der deines Lernpartners / deiner Lernpartnerin:
1 Javi feiert Geburtstag. Elena, Sarah und Esteban haben schon alle ein Geschenk für ihn gekauft. Wer schenkt ihm was? Hör zu und schreibe mit.

2 Während des Hörens

Ihr hört den Text immer mindestens zweimal. Beim ersten Mal hörst du nur zu. Setze dich möglichst entspannt hin und stelle dich darauf ein, einen spanischen Text zu hören. Im Anschluss kannst du dir erste Notizen machen. Beim zweiten Hören achtest du ausschließlich auf die gesuchten Informationen und ergänzt deine Notizen.

Notizen machen

Du hast beim Hören wenig Zeit zum Schreiben. Du machst dir also nur kurze Notizen. Das heißt, du schreibst keine Sätze, sondern Stichwörter auf. Verwende Spiegelstriche und Doppelpunkte. Dadurch werden deine Notizen übersichtlicher.

> *nombre*: Elena
> *¿cómo es?*: tranquila

Probiere es gleich aus:
1 In der Übung S. 28/2 (Unidad 2) sollst du Fragen zum Text beantworten. Höre dir den ganzen Text einmal ganz an und mache dir Notizen (Stichwörter). Anhand deiner Notizen formulierst du deine Antworten aus.
2 Vergleicht eure Notizen zu den Fragen zu zweit. Habt ihr die gleichen Informationen mitgeschrieben? Ergänzt eure Notizen.

Abkürzungen verwenden

Du kannst beim Mitschreiben Zeit sparen, wenn du Abkürzungen verwendest.
Überlege dir deine persönlichen Abkürzungen und Zeichen.
Du kannst z. B. = für **igual** / *gleich* und ≠ für **diferente** / *ungleich* bzw. *nicht* oder + für **y** / *und* bzw. **más** / *mehr* verwenden.
Lass Artikel und Konjunktionen weg.
Lange Wörter kannst du abkürzen, z. B.: **la bicicleta** = **bici**, **el colegio** = **cole**, **el cumpleaños** = **cumple**.

Sarah + Javi = ☺

Probiere es gleich aus:

1. Überlege dir für folgende Wörter Abkürzungen und Zeichen: **bien**, **mal**, **con**, **mañana**, **entonces**, **menos**. Was haben sich die anderen ausgedacht? Vergleicht.
2. Gebt euch weitere Wörter aus der **lista cronológica**, p. 131 vor und kürzt sie ab. Achtung: Ihr selbst müsst sie wieder verstehen können!

3 Nach dem Hören: Notizen überprüfen und ergänzen

Nach dem Hören liest du dir deine Notizen in Ruhe durch und ergänzt sie so, dass du sie gut wiedergeben kannst. Wenn dir Informationen fehlen, dann setze an diese Stelle ein Fragezeichen. Überlege, warum dir diese Informationen fehlen. Hast du z. B. eine Zahl nicht verstanden, weil es dir zu schnell ging? Dann wiederhole die Zahlen und höre den Text noch einmal.

Probiere es gleich aus:

1. Was bedeuten die folgenden Notizen? Schreibe die Sätze auf.
   Elena + Esteb.: mña cine
   Javi: ☺ helado
2. Sucht euch ein bis zwei Sätze aus einem Text im Buch aus und diktiert sie euch gegenseitig. Vergleicht eure Notizen.

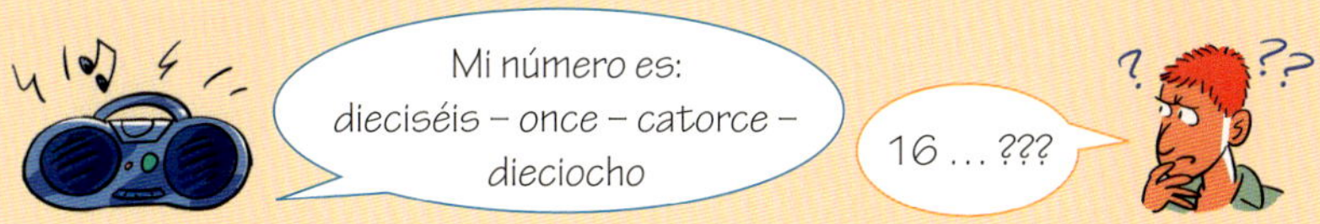

SPRECHEN

Du willst der Klasse z. B. deinen Lieblingsstar oder deine Traumwohnung präsentieren.
Wie gelingt dein Vortrag am besten?

1 Vor der Klasse sprechen

Einen Vortrag vorbereiten

Zuerst sammelst du Informationen. Du kannst die Informationen z. B. in einer Mindmap anordnen. Formuliere anhand der Mindmap deinen Text und lass ihn von deinem Lehrer / deiner Lehrerin korrigieren.
Du erreichst deine Zuhörer besser, wenn du nicht abliest. Verwende deshalb für deinen Vortrag nur Stichpunkte, die du auf der Grundlage deines Textes anfertigst. Du kannst auch den „Kniff mit dem Knick“ ausprobieren (siehe S. 115).

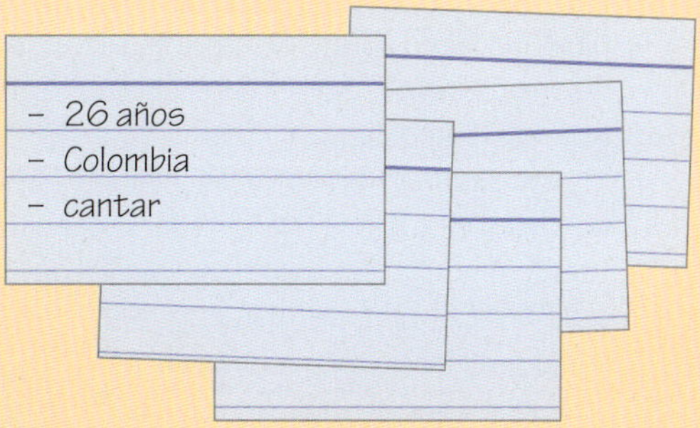

Einen Vortrag veranschaulichen

Du kannst eine Collage, ein Poster, eine PowerPoint-Präsentation oder eine Folie zu deinem Vortrag anfertigen. Dazu suchst du zu deinem Thema passende Fotos aus oder zeichnest Bilder.
Du hast dich für ein Poster entschieden: Ordne die Bilder, klebe sie auf und schreibe Bildunterschriften darunter. Die einzelnen Bilder und Texte nummerierst du in der Reihenfolge, in der du sie besprechen willst. So kannst du dich während deines Vortrags an ihnen orientieren.

Probiere es gleich aus:
Erstelle mit deinem Lernpartner / deiner Lernpartnerin gemeinsam ein Poster zum Thema „La casa de nuestros sueños (Unser Traumhaus)". Verwendet Bilder und schreibt Bildunterschriften dazu. Ihr könnt eure Poster im Klassenraum aufhängen.

Vor einem Publikum sprechen

Übe deinen Vortrag vor dem Spiegel oder vor Freunden, Eltern oder Geschwistern. So machst du dich mit dem Text vertraut und merkst, wo du vielleicht noch üben musst.
Verwende nur bekannte Wörter. Wenn du neue Wörter benutzen willst, besprichst du sie am besten vorher mit deinem Lehrer / deiner Lehrerin. Die neuen Wörter und ihre Übersetzung schreibst du vor deinem Vortrag an die Tafel.
Schau deine Mitschüler/innen während deines Vortrags an. Sprich langsam und deutlich und mache Pausen, damit alle deinem Vortrag folgen können.
Während deiner Präsentation benutzt du z. B. dein Poster als Hilfe. Zeige auf dem Poster, worüber du gerade sprichst.

Probiere es gleich aus:
Stellt euch in Vierergruppen anhand eurer Poster eure Traumhäuser vor.
Du beginnst und die anderen hören zu.
Sie achten darauf, ob du deutlich sprichst, sie ansiehst und das Poster verwendest.
Besprecht den Vortrag in der Gruppe.
Dann ist der Nächste / die Nächste an der Reihe.

2 Ein Rollenspiel oder eine Szene vorspielen

Das Rollenspiel / Die Szene vorbereiten

Sammelt zuerst gemeinsam Ideen für eure Szene oder euer Rollenspiel. Anschließend notiert ihr Wörter und Ausdrücke und schreibt gemeinsam den Text. Verteilt dann die Rollen untereinander. Jede/r übt zunächst seinen / ihren Text für sich. Ihr könnt den „Kniff mit dem Knick" anwenden (siehe S. 115).

Requisiten und Kostüme einsetzen

Überlegt euch, mit welchen Requisiten (Gegenständen) ihr euer Spiel anschaulicher und lebendiger gestalten könnt. Wenn eure Szene z. B. nach der Schule spielt, habt ihr eure Jacken an und eure Schultaschen dabei.
In eurer Szene kommen vielleicht auch Geräusche vor. Ihr spielt z. B. eine Szene in der U-Bahn und ein Handy klingelt. Überlegt euch, wie ihr die Geräusche erzeugt und wer dafür zuständig ist. Ihr könnt auch Musik aussuchen und abspielen.

Probiere es gleich aus:

1. Bei dir zu Hause ist Chaos: Der Fernseher läuft, dein Bruder will etwas von dir wissen, das Telefon klingelt und deine Schwester hört laut Musik. Deine Eltern fragen dich, ob du deine Hausaufgaben schon gemacht hast.
   - Welche Gegenstände kannst du für diese Szene verwenden?
   - Welche Musik passt dazu?
   - Welche Geräusche kannst du einsetzen? Mache dir Notizen.
2. Vergleiche deine Ideen mit denen deines Lernpartners / deiner Lernpartnerin.

Körpersprache einsetzen

Überlegt bereits beim Schreiben und Einstudieren der Szene passende Gesichtsausdrücke und Bewegungen.
An welchen Stellen eurer Szene wollt ihr laut, leise, überrascht oder ungeduldig sprechen? Schreibe dir diese Anweisungen zu deiner Textvorlage. Bei euren Proben übst du Gesichtsausdrücke, Körperbewegungen und Sprechweise gleich mit.

Probiere es gleich aus:

1 Sucht euch zu zweit eine Szene aus einem beliebigen Text der Unidades aus, die ihr bereits behandelt habt. Ihr spielt die Szene ohne Worte. Überlegt euch, wie ihr sie darstellt, welche Körperbewegungen, Gesichtsausdrücke, Geräusche und Gegenstände passen könnten.

2 Spielt die Szene vor. Eure Mitschüler/innen erraten, um welche Szene es sich handelt.

Freies Sprechen: Der „Kniff mit dem Knick"

Der „Kniff mit dem Knick" ist ein (genehmigter) Spickzettel. Du schreibst in die oberen zwei Drittel eines Blattes die Sätze, die du für deinen Vortrag vorbereitet hast. In das untere Drittel schreibst du nur die wichtigsten Stichwörter.
Beim Vortragen oder Vorspielen sprichst du frei. Ab und zu schaust du auf deine Stichwörter. Wenn du nicht weiter weißt, klappst du dein Blatt auf und liest nach.

Probiere es gleich aus:

Bereite mit deinem Lernpartner / deiner Lernpartnerin ein Rollenspiel vor: Spielt eine Szene, in der ihr euch verabredet und überlegt, was ihr tun wollt. Verwendet den „Kniff mit dem Knick".

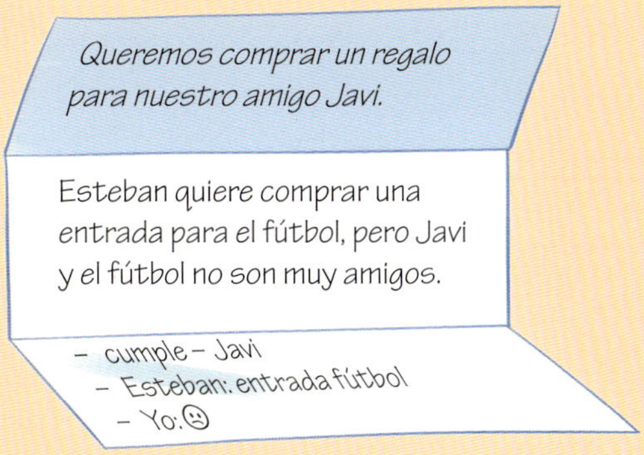

Die Bewertung NUEVO

Bewertet gegenseitig eure Rollenspiele und Spielszenen. Überlegt zuerst gemeinsam in der Klasse, was ihr bewerten wollt. Ihr könnt zum Beispiel die Präsentation, den Inhalt und die sprachliche Richtigkeit bewerten. Listet die Kriterien in einem Bewertungsbogen auf. Paar 1 spielt vor und Paar 2 gibt anschließend ein Feedback. Dann spielt Paar 2 vor und Paar 1 bewertet.

Tipp: Beginnt bei der Bewertung immer mit dem, was euch gefallen hat.

Hier findet ihr ein Muster für einen Bewertungsbogen und Kriterien für die Bewertung:
www.cornelsen.de/webcodes APUYA-2A-115

Probiert es gleich aus:

A: Du willst dich mit B treffen und rufst ihn/sie an. Du schlägst vor, gemeinsam einen Film anzuschauen.

B: Du bist einverstanden. Einigt euch: Welchen Film wollt ihr sehen? Bei wem? Um wieviel Uhr?

1 Erstellt zu zweit zur Aufgabe einen Bewertungsbogen. Beginnt mit dem Inhalt (Was ist gefordert?), findet dann Kriterien für die Präsentation und abschließend für die sprachliche Richtigkeit.

2 Vergleicht eure Bewertungsbögen zu viert.

LESEN

1 Wörter verstehen

Du kannst Wörter verstehen, die du noch nicht gelernt hast.
Es gibt verschiedene Möglichkeiten, die Bedeutung eines unbekannten Wortes zu erschließen.

Wörter über Bilder erschließen

1. Schau dir zuerst die Bilder und Fotos, die einen Text begleiten, genau an. Achte auch auf Bildunterschriften. Die Bilder helfen dir, einzelne unbekannte Wörter zu verstehen.

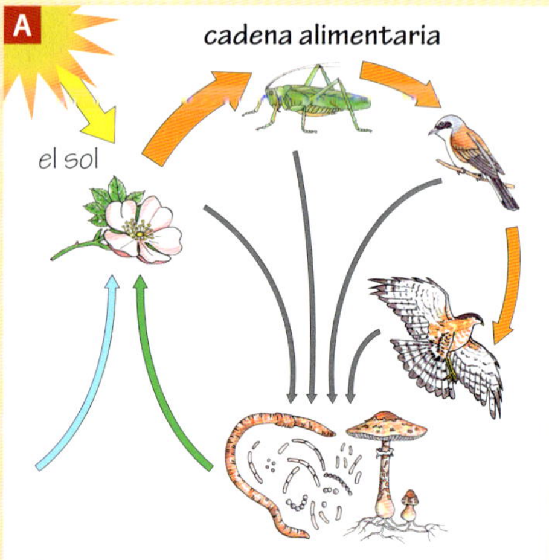

Probiere es gleich aus:

1 Schau dir das Schema (A) genau an und überlege dann mit deinem Lernpartner/deiner Lernpartnerin, was hier dargestellt wird.
2 Was bedeutet cadena alimentaria?
- die Sonnenenergie
- die Nahrungskette
- Tiere im Wald

3 Was bedeutet el sol?
4 Vergleicht eure Antworten in der Klasse und besprecht, wie ihr auf sie gekommen seid.

2. Wörter auf Schildern kannst du besser erschließen, wenn du weißt, wozu ein Schild dient.

Probiere es gleich aus:

- Überlegt zu zweit, was abogado auf diesem Türschild (B) angibt:
  - den Beruf
  - das Lieblingsgemüse
  - den Familienstand (ledig, verheiratet, …)

  von Juan Moreno?
- Was bedeutet abogado? Woher weißt du das?

Kenntnisse aus anderen Sprachen nutzen

Viele Wörter verschiedener Sprachen haben denselben Ursprung und sind sich deshalb ähnlich. Nutze dein Wissen aus anderen Sprachen, um dir spanische Wörter zu erschließen und sie dir zu merken.

el supermercado — der Supermarkt
supermarket — süpermarket

Probiere es gleich aus:

- Was bedeuten diese Wörter auf Deutsch? el ejercicio, la capital, la aventura, el actor, el aeropuerto, la guitarra, el limón
  Wie bist du darauf gekommen?
- Kennst du andere Wörter, die sich in verschiedenen Sprachen ähneln? Sammelt zu zweit weiter. Tauscht euch dann mit euren Mitschülern/-innen aus.

Wörter über Wortfamilien erschließen

Wörter bestehen aus einem Stamm (z. B. habl-) und einer Endung (z. B. -ar). Wörter mit demselben Stamm gehören zu einer Wortfamilie.

- Erkennst du den Stamm eines Wortes, das du nicht kennst, kannst du häufig die Bedeutung des Wortes erschließen.
- An der Endung eines Wortes erkennst du oft seine Wortart: cantar, leer, salir (Spanische Verben enden auf -ar/-er/-ir).

cenar *zu Abend essen* → la cena *das Abendessen*; comer *essen* → la comida *das Essen*

Probiere es gleich aus:

1 Was bedeuten die Wörter el descubrimiento, la canción, la llamada? Von welchen Wörtern hast du ihre Bedeutung abgeleitet?

2 Vergleicht zu zweit eure Ergebnisse. Überprüft eure Vermutungen mit Hilfe eines (Online-)Wörterbuchs (z. B. Leo).

Mit den alphabetischen Wortlisten arbeiten

In diesem Spanischbuch gibt es ein spanisch-deutsches und ein deutsch-spanisches Wörterverzeichnis, S. 160–166. Dort findest du alle Wörter, die du im Laufe des Schuljahres lernst.

1. Die deutsche Bedeutung eines spanischen Wortes nachschlagen
   Du weißt nicht, was la avenida auf Deutsch heißt? Schlage in der alphabetischen Wortliste Spanisch–Deutsch nach (Lista alfabética), S. 153–159. Suche das Wort unter seinem Anfangsbuchstaben. Zusammengesetzte Wörter findest du unter dem Anfangsbuchstaben des ersten Wortes.

la **avenida** die Allee 2T

↑ bei Substantiven wird vor dem Wort der Artikel angegeben. Daran erkennst du das Geschlecht des Wortes.

↑ Die farbige Angabe zeigt, an welcher Stelle im Buch das Wort zum ersten Mal vorkommt: 2T steht für Unidad 2, Text.

Verben sind in ihrer Grundform (Infinitiv) eingetragen.
Javi lee un libro. → Infinitiv: leer

encontrar (o/ue) finden 6T

↑ Die blaugedruckten Verben sind unregelmäßig, bzw. weisen eine Besonderheit auf.

↑ (o/ue) bedeutet, dass das Verb encontrar den Stammvokal verändert (verbos con diptongación, s. S. 127).

Javi no encuentra su cuaderno.

Bei Adjektiven auf -o wird auch die weibliche Endung -a angegeben:

nuevo/-a *adj.* neu 1T

↑ Die Angabe *adj.* bedeutet, dass es sich bei diesem Eintrag um ein Adjektiv handelt.

Probiere es gleich aus:

1 Finde erst die Infinitive (Grundformen) der folgenden Verben (siehe auch Die Verben / Los verbos, S. 126). Schlage sie dann in der alphabetischen Wortliste nach.
Was bedeutet: somos, estais, tiene, sé, ves, prefieren, salgo?

2 Vergleiche deine Infinitive mit denen deines Lernpartners / deiner Lernpartnerin.

2. Die spanische Bedeutung eines deutschen Wortes nachschlagen
Du bist dir nicht sicher, was „suchen" auf Spanisch heißt. Schlage das Deutsch-Spanische Wörterbuch, S. 160–166 auf. Suche das Wort unter seinem Anfangsbuchstaben.

suchen buscar 3T

Dieses Wort kommt zum ersten Mal in der Unidad 3, Text vor.

Probiere es gleich aus:
1 Wie sagt man „fragen", „der Witz" und „die Milch" auf Spanisch.
2 In welcher Unidad kommen diese Wörter zum ersten Mal vor?
3 Auf welcher Seite hast du sie gefunden?
4 Vergleiche deine Ergebnisse mit denen deines Lernpartners / deiner Lernpartnerin.

2 Einen Text lesen und verstehen

Versuche zunächst, die Hauptaussage eines Textes zu entschlüsseln. Dazu musst du nicht jedes einzelne Wort verstehen.

Auf Form und Gestalt eines Textes achten

Bevor du einen Text liest, schau ihn dir an. Die Gestalt des Textes gibt dir bereits Hinweise auf seinen Inhalt. Bilder oder Fotos zeigen häufig, was im Text beschrieben ist, oder ergänzen den Text.

Probiere es gleich aus:
1 Besprecht zu zweit, um was für einen Text es sich bei A handelt.
Woran habt ihr das erkannt?
2 Seht euch zu zweit Text B an.
– Was ist das für ein Text?
– Wer hat den Text geschrieben?
– An wen richtet er sich?
– Wann und wo wurde er geschrieben?
Wieso habt ihr das alles sofort erkannt?
3 Präsentiert eure Ergebnisse der Klasse.

A

Entradas	
Gazpacho	2,85€
Ensalada verde	3,50€
Paella valenciana (para dos personas)	8,40€
Croquetas de pollo	6,00€
Mariscos	
Calamares fritos	4,20€
Gambas a la cazuela	4,80€
Pescados	
Pez espada a la plancha	8,00€
Merluza a la gallega	10,50€
Carnes	
Filete ibérico	9,00€
Pollo a la plancha	7,30€
Lomo adobado	8,60€
Postres	
Flan de caramelo	2,50€
Macedonia	2,50€

B

de: sarah2000
fecha: sábado, 16/08/2014, 11:45
para: Javi_14@terra.es
Asunto: Re: ¿Qué tal Hamburgo?

¡Hola Javi!
Aquí me lo paso genial. Mi abuela prepara todos los días platos típicos de Alemania. ☺
Hamburgo es una ciudad muy interesante con un puerto muy grande. Hay muchas cosas que ver y casi todos los días hacemos una excursión.
Mañana vamos a Hagenbeck (un zoológico muy famoso).

Saludos y bis bald (= hasta pronto en alemán ☺)
Sarah

Auf Überschriften und Schlüsselwörter achten

Überfliege einen Text, um herauszufinden, worum es geht. Dabei achtest du zunächst nur auf Überschriften. Sie geben dir Hinweise auf das Thema des Textes. Außerdem gliedern sie den Text in Sinnabschnitte.
Achte auch auf Schlüsselwörter. Sie liefern wichtige Informationen zum Inhalt des Textes.

Probiere es gleich aus:

1 Welche Schlüsselwörter enthält deiner Meinung nach ein Text über einen Ferienbericht? Notiere fünf (deutsche) Wörter.
2 Einigt euch zu zweit auf fünf gemeinsame Wörter.
3 Fragt euren Lehrer/eure Lehrerin nach der spanischen Übersetzung dieser Wörter.
4 Vergleicht mit dem Text der Unidad 5, S. 71. Wie viele eurer Schlüsselwörter findet ihr im Text wieder?

Einen Text genau lesen

Du hast den Text überflogen und dir einen ersten Eindruck verschafft. Danach liest du ihn genau und achtest dabei auf Details. Fragen können dich beim Lesen leiten. Welche Fragen kennst du aus dem Deutschunterricht, die du an einen Text richten kannst? Sammelt die Fragen gemeinsam in der Klasse.

Wer?	Wer hat Ferien?
Was?	Was passiert?
W…?	

Probiere es gleich aus:

1 Überfliege den Text auf S. 83 und schau dir die Bilder an. Dann lies ihn genau. Formuliere drei Fragen (auf Deutsch) zu der Geschichte.
2 Tausche mit deinem Lernpartner/deiner Lernpartnerin die Fragen aus. Beantwortet jede/r die Fragen.

Einen Text in Sinnabschnitte gliedern

Der Aufbau eines Textes erleichtert das Lesen. Du findest z. B. in Zeitungstexten eine Einleitung, einen Hauptteil und einen Schluss. Der Hauptteil ist nach Themen gegliedert. Um einen Text zu verstehen, kannst du dir diese Gliederung bewusst machen: markiere die Sinnabschnitte.

Probiere es gleich aus:

1 Gliedere den Text B in drei Sinnabschnitte (Begrüßung/Einleitung, Hauptteil, Verabschiedung/Schluss).
2 Welche Themen behandelt Sarah in ihrem Hauptteil? Mach dir Notizen.
3 Vergleicht eure Ergebnisse zu zweit.

■■■ SCHREIBEN

1 Vor dem Schreiben: Ideen sammeln und ordnen

Du sollst z. B. dein Viertel beschreiben. Lies dir die Aufgabenstellung genau durch und finde heraus, was von dir verlangt wird. Schreibe dann deine Ideen auf. Dafür kann es nützlich sein, den Text der passenden Unidad noch einmal zu lesen. Schreibe spanische Wörter und Ausdrücke auf, die du verwenden willst und ordne sie, z. B. in einer Mindmap. Verfasse auf dieser Grundlage deinen Text.

Probiere es gleich aus:

Schreibe eine E-Mail an einen spanischen Schüler, der Freunde in Deutschland sucht. Darin stellst du dich vor und fragst ihn nach seinen Hobbys und Haustieren. Denke an Anrede und Verabschiedung.

2 Texte schreiben NUEVO

Beim Schreiben eines Textes kannst du auf Modelltexte zurückgreifen.
- Sie helfen dir, deinen Text zu strukturieren.
- Sie bieten dir Ideen für den Inhalt.
- Sie enthalten Wendungen, die du übernehmen kannst.

Eine E-Mail/Einen Brief/Eine Postkarte schreiben

Ort und Datum	Tuy, 21 de julio de 2015
Begrüßung	Hola, Julia: ¿Qué tal?
Dein Bericht	Estoy en (el campamento de verano). Me encanta estar aquí porque (hay muchos animales).
Aktivitäten	Mañana vamos a (hacer una excursión a Tuy). Quiero participar en (el torneo del campamento).
Meinung	A mí me gusta (nadar/montar a caballo). Mola, ¿no? A mí no me gusta (practicar deporte).
Verabschiedung	Besos, … Un abrazo, … Saludos, …

Einen Blogeintrag schreiben

Benutzername:	sol22
Datum/Uhrzeit:	13 de febrero de 2015
Titel:	La fiesta de cumpleaños
Einleitung:	Hoy es mi cumpleaños ☺ Ahora tengo (13) años.
Hauptteil	(En mi casa) hay una fiesta. En la fiesta somos: (mis tres amigos, mis padres, mi hermana…) Para comer hay: (un pastel de cumpleaños, sándwiches de jamón y queso, helados,…) Para beber hay: (zumo de naranja, zumo de manzana,…) El regalo de mis amigos es: (una piñata). ¡Es un regalo (estupendo/genial)!
Schluss	¡Qué bonito día!

3 Nach dem Schreiben: Mit einer Fehlerliste eigene Texte überprüfen

Lies deinen Text nach dem Schreiben in Ruhe noch einmal.

- Hast du alles gesagt, was die Aufgabe von dir verlangt?
- Hast du alles beachtet, was die Textsorte erfordert? Zu einem Brief gehören z.B. Datum und Ort sowie Anrede und Verabschiedung.
- Prüfe dann, ob dein Text klar aufgebaut ist: Sind Einleitung, Hauptteil und Schluss vorhanden? Ist der Hauptteil nach Themen gegliedert?

Tipp: Baue Wörter ein, die deinen Text strukturieren.

Wörter, mit denen du deinen Text strukturieren kannst:

Zeitliche Strukturierung:	hoy, mañana, ahora, después
Räumliche Strukturierung:	aquí, allí

Probiere es gleich aus:

1. Finde die Fehler im Text A mithilfe der Fehlerliste und korrigiere sie im Heft.
2. Überprüfe die von dir geschriebene E-Mail (siehe Aufgabe 1 auf der Karteikarte auf S. 119).
3. Tauscht dann eure Texte aus und korrigiert sie gegenseitig.

A

Yo y mi amigo Sarah viven en el barrio San Blas de Alicante. Es un barrio tranquila. ||
En el barrio hay una heladeria y un hamburguesería. ||
A veces tomamos la helado con nuestros amigo. | |
El padre de Sarah trabajan en una panadería. |
Hay tambien una academia de danza. |
Allí aprendo el baile espanol. |

Dann kontrollierst du, ob du alles richtig geschrieben hast. Dafür liest du deinen Text rückwärts, Satz für Satz. Auf diese Weise entdeckst du Fehler leichter. Gehe die folgende Liste durch und korrigiere, falls nötig, deinen Text:

los amig**os**, mis amig**os**	Passen Begleiter und Nomen zusammen?	✔
Sarah y Elena habla**n** español	Passen Subjekt und Verbform zusammen?	✔
Y vosotros, **¿**dónde vivís**?**	Hast du an die Satzzeichen gedacht?	✔
ma**ñ**ana, la helader**í**a, habitaci**ó**n, s**í**	Hast du alle Akzente richtig gesetzt?	✔
La casa de **A**na está cerca.	Großschreibung nur bei Satzanfängen und Namen	✔
Mi madre compra las frutas en el mercado. [Subjekt] [Verb] [Objekt] [Ergänzungen]	Stimmt die Satzstellung (Subjekt – Verb – Objekt – Ergänzungen)?	✔
una falda **roja**	Passen Nomen und Adjektiv zusammen?	✔
1. – **Esteban** quiere un animal. – Sus padres **le** compran un gato. 2. Mi hermano **me** cuenta un chiste.	Passen die Objektpronomen zu den Wörtern, die sie ersetzen? Stehen die Objektpronomen an der richtigen Stelle?	✔

SPRACHMITTLUNG NUEVO

Falls deine Familie oder deine Freunde kein Spanisch sprechen, bist du als Spanischexperte/-expertin gefragt. Umgekehrt musst du eventuell für spanische Jugendliche, die dich in Deutschland besuchen, deutsche Aussagen oder Texte auf Spanisch erklären.

Bei der Sprachmittlung ist es vor allem wichtig, dass du nicht Wort für Wort oder Satz für Satz übersetzt. Teile nur das mit, was der/die andere wissen muss.

Tipp: Versuche Wörter, die du nicht kennst oder die dir nicht einfallen, zu umschreiben. Du kannst auch Beispiele nennen, um zu erklären, was du meinst.

Probiere es gleich aus:
Deine Schule hat Besuch von spanischen Austauschschülern aus der Partnerschule in Alicante. Juan, dein spanischer Gastschüler, hat erst vor kurzem begonnen Deutsch zu lernen. Er steht vorm schwarzen Brett deiner Schule und fragt dich, was auf den Notizzetteln steht.

An alle Klassen:
Der Schulchor trifft sich heute um 14.30h in der Aula, um die Lieder für das Schulfest am Samstag zu üben.

An die Fussball-AG:
Das Fussballspiel am Nachmittag fällt heute aus. Wir treffen uns dafür Freitag um 15h vorm Stadion.

KOOPERATIVES LERNEN

1 Think – pair – share

1. Piensa (Think)
   Zuerst löst du die Aufgabe alleine. So kannst du konzentriert nachdenken und deinen eigenen Lösungsweg finden.
2. Discute (Pair)
   Dann besprecht ihr eure Ergebnisse zu zweit.
3. Comparte (Share)
   Anschließend tragt ihr eure Ergebnisse in der Gruppe oder in der Klasse zusammen. Ihr berücksichtigt die Meinungen aller und einigt euch auf ein gemeinsames Ergebnis.

Probiere es gleich aus:
Ihr sollt euch und eure Schule vorstellen (Unidad 2, S. 30):
1 Jede/r erstellt von sich einen Steckbrief.
2 Dann arbeitet ihr zu zweit und stellt euch gegenseitig eure Ergebnisse vor. Hört euch gut zu und fragt nach, wenn ihr etwas nicht verstanden habt.
3 Stellt eure Steckbriefe in der Gruppe / Klasse vor.

2 Placemat

Bei dieser Form des kooperativen Arbeitens diskutiert ihr in der Gruppe über ein Thema. Das Ergebnis eurer Diskussion haltet ihr in der Mitte eines Blattes fest.

1. Ihr sollt spanische Wörter und Ausdrücke sammeln, die zum Thema mi habitación passen. Alle schreiben in ihr Feld, was ihnen dazu einfällt.
2. Eine/r in der Gruppe übernimmt die Gesprächsführung. Er / Sie sorgt dafür, dass alle zu Wort kommen. Alle stellen vor, was sie eingetragen haben und hören den anderen zu.
3. Ihr diskutiert über eure Wörter. Sind alle hier richtig? Gibt es Wörter, die ihr alle aufgeschrieben habt? Einigt euch auf fünf Wörter. Die Entscheidung begründet ihr gemeinsam.
4. Ein Gruppenmitglied trägt diese fünf Wörter in die Mitte des Placemats ein.
5. Euer Lehrer / Eure Lehrerin fordert eine/n von euch auf, euer Ergebnis der Klasse vorzustellen.

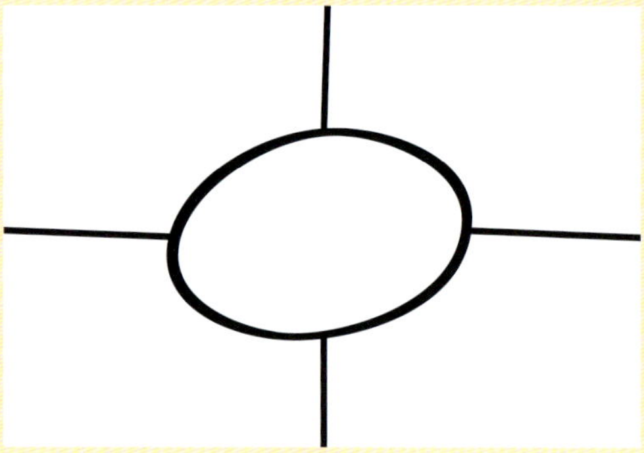

Probiere es gleich aus:
In der Unidad 2 lernst du, über deine Schule zu berichten.
Überlege und notiere auf Deutsch, was du brauchst und können musst, um darüber zu schreiben (z. B. Schulfächer, Wochentage, Zeitangaben). Erarbeitet in vier Schritten ein Ergebnis im Placemat. Stellt euer Ergebnis der Klasse vor.

3 Quedar

Bei dieser Methode „verabredest" du dich mit Mitschülern / Mitschülerinnen, mit denen du gemeinsam eine Übung lösen möchtest.

1. Du sollst verschiedene Schüler danach fragen, ob sie ein Haustier haben und wenn ja, welches.
   Zuerst bereitest du eine Tabelle vor: In die linke Spalte schreibst du die Zahlen 1–5. Über die beiden anderen Spalten schreibst du nombre und mascota.

2. Beim Signal deines Lehrers / deiner Lehrerin läufst du durch die Klasse und verabredest dich für jede Zahl mit je einem Schüler / einer Schülerin. Die Namen schreibst du in die Tabelle unter nombre.
3. Beim Signal «Uno» begibst du dich schnell zu deiner Verabredung für die Zahl 1 und fragst sie nach ihren Haustieren. Erzähle auch von deinen. Schreibt beide die Ergebnisse auf. Beim nächsten Signal geht es weiter, bis die Tabelle voll ist.
4. Am Ende fordert dein Lehrer / deine Lehrerin eine/n von euch auf, seine / ihre Ergebnisse vorzustellen.

Probiere es gleich aus:
1 Macht eine Umfrage zu eurem Wohnbezirk. Dazu erstellt ihr zuerst eine Tabelle. Verabredet euch mit jeweils fünf Mitschülern / Mitschülerinnen.
2 Auf die Signale hin befragt ihr euch gegenseitig: ¿Qué hay en tu barrio?

4 Omniumkontakt NUEVO

Jeder überlegt sich seine/ihre Antwort auf eine bestimmte Frage, wie z. B. ¿Cuál es tu lugar preferido?

1. Alle Schüler/innen bewegen sich gleichzeitig durch den Klassenraum (evtl. mit Musik im Hintergrund).
2. Auf ein Signal hin (z. B. die Musik stoppt) treffen sich immer zwei Schüler/innen. Sie fragen sich gegenseitig und antworten. Beim nächsten Signal (z. B. Musik) geht es weiter.
3. Am Ende berichtet ein/e Schüler/in über die Antworten der Mitschüler, die er/sie befragt hat.

Probiere es gleich aus:
1 Jede/r überlegt sich seine/ihre Antwort auf die Frage: ¿Qué te gusta hacer por las tardes?
2 Tauscht euch im Omniumkontakt aus. Präsentiert anschließend eure Ergebnisse.

Tipp: Probiert das Atomspiel aus: Ihr geht wie beim Omniumkontakt durch die Klasse. Euer Lehrer/Eure Lehrerin gibt ein Signal und sagt z. B. „átomo tres". Also trefft ihr euch zu dritt für die Übung. Dann geht es weiter.

5 Das Kugellager NUEVO

Um mit verschiedenen Mitschülern/Mitschülerinnen ein Interview zu führen, könnt ihr die Methode Kugellager anwenden.

1. Teilt euch in zwei gleich große Gruppen auf und bildet zwei Kreise: einen Innen- und einen Außenkreis.
2. Je zwei Schüler/innen stehen sich gegenüber und befragen sich.
3. Die Schüler/innen, die im Außenkreis stehen, gehen für die nächste Runde auf ein Signal hin drei Schüler/innen weiter. Ihr führt wieder euer Interview durch. Das wiederholt ihr zwei bis drei Mal.
4. Ihr schreibt die erhaltenen Informationen auf und stellt sie dann der Klasse vor.

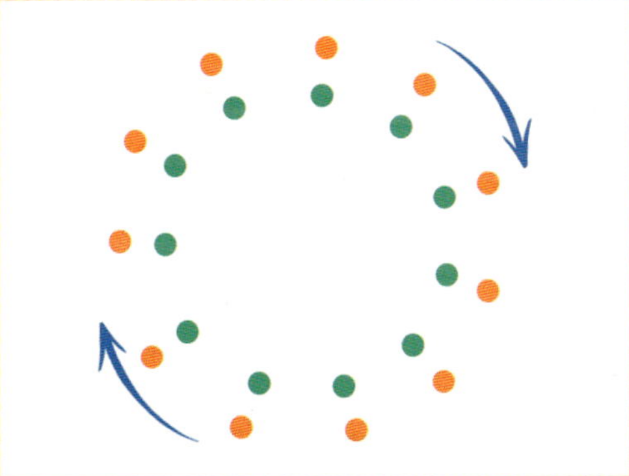

¿Cuándo?	Sabine	Julia	Peter
a las 10 de la mañana	está en el colegio		
a las 12	come en casa		
por la tarde			
por la noche			

Probiere es gleich aus:
1 Beantworte diese Frage schriftlich: ¿Qué haces los lunes (a las diez de la mañana, a las doce, por la tarde, por la noche)?
2 Stellt euch im Kugellager auf. Befragt euch gegenseitig?
3 Berichtet, was ihr im Kugellager erfahren habt.

LOS SIGNOS DE PUNTUACIÓN | Die Zeichen im Satz

LA MAYÚSCULA · el guión · los dos puntos · las comillas · los puntos suspensivos · los signos de exclamación · el guión largo · la coma · la minúscula · los paréntesis · el punto y coma · el acento ortográfico o la tilde · los signos de interrogación · la tilde · el punto

Esta noche hay una fiesta en el Barrio San Blas. Elena lee un e-mail de los chicos con una idea genial: quieren llevar ropa original y divertida.

Sarah lleva unas gafas de sol muy grandes y muy «monas», como dice ella. Javi … pues Javi lleva ropa negra. ¡Mola mucho! – dicen Sarah y Esteban. Elena quiere llevar una falda verde, una gorra verde y unas zapatillas verdes (a ella le gusta mucho el color verde); pero no sabe dónde está la falda.

«¿Qué hago?», piensa Elena. Su madre, que está en el baño, tampoco sabe.

EXPRESIONES PARA DISCUTIR | Redemittel zum Diskutieren

Expresar tu opinión | Deine Meinung äußern

(Yo) creo que […].
(Yo) pienso que […].
Estoy de acuerdo, pero […].
Me parece bien, sin embargo […].

Preguntarle a alguien su opinión | Die Meinung von jemandem erfragen

¿Qué te parece (si …)?
¿Qué piensas (de …)?
¿Qué crees (de …)?
¿Estás de acuerdo?

Estar de acuerdo | Zustimmen

Vale.
Tienes razón.
Estoy de acuerdo (con …).
Me parece bien.
Estoy de acuerdo, pero sólo si (tu vienes).
Si (tu ordenas tu habitación), yo te ayudo.

No estar de acuerdo | Ablehnen

No tienes razón.
No estoy de acuerdo (con …).
Me parece mal.

Cambiar de tema | Das Gesprächsthema wechseln

Cambiando de tema, […].

EL ESPAÑOL EN LA CLASE | Spanisch im Unterricht

Hilfe erbitten / anbieten:

¿Puedo ayudarte?	Kann ich dir helfen?
¿Puedes ayudarme?	Kannst du mir helfen?
Tengo problemas con […]. ¿Qué puedo hacer?	Ich habe Probleme mit […], was soll ich tun?
¿Tienes un boli / lápiz?	Hast du einen Kuli / Bleistift?

Um Wiederholung bitten:

Perdón, ¿puede hablar más despacio, por favor?	Entschuldigung, können Sie bitte langsamer sprechen?
Perdón, (yo) no lo entiendo.	Entschuldigung, ich verstehe das nicht.
¿Puede explicarlo otra vez?	Können Sie das noch einmal erklären?
¿Puede repetirlo otra vez, por favor?	Können Sie das bitte wiederholen?

Um Hinweise oder Erklärungen bitten:

¿Cuánto tiempo tenemos?	Wie viel Zeit haben wir?
Tengo una pregunta.	Ich habe (noch) eine Frage.
¿Puede explicar […]?	Können Sie […] erklären?
(Yo) no he entendido el / los ejercicio/s.	Ich habe die Aufgabe/n nicht verstanden.
No entiendo la palabra / frase «[…]».	Ich verstehe das Wort / den Satz „[…]" nicht.
¿Cómo se dice «[…]» en alemán / en español?	Was heißt „[…]" auf Deutsch / auf Spanisch?
¿Se puede decir también «[…]» ?	Kann man auch „[…]" sagen?
¿Qué significa / quiere decir «[…]»?	Was bedeutet „[…]"?
¿Cómo se pronuncia «[…]»?	Wie spricht man „[…]" aus?
¿Cómo se llama esto en español?	Wie heißt das auf Spanisch?
¿Qué?	Was?
¿Cómo?	Wie bitte?
¿Puede poner un ejemplo, por favor?	Können Sie bitte ein Beispiel nennen?
¿Cómo se escribe «[…]»?	Wie schreibt man „[…]"?
¿Se escribe «[…]» con / sin «s»?	Schreibt man „[…]" mit / ohne „s"?
¿Qué es eso?	Was ist das?
¿En qué página está?	Auf welcher Seite steht das?
¿Es correcto / incorrecto	Ist das richtig / falsch?

Vorschläge erbitten / machen:

¿Sigo?	Soll ich weitermachen?
¿Qué hacemos ahora?	Was machen wir jetzt?
Empezamos desde el principio.	Wir fangen von vorne an.
Ahora te toca a ti. Después le toca a él / ella.	Jetzt bist du dran. Danach ist er / sie dran.
Leed el texto por turno / haciendo cada uno un papel.	Lest den Text abwechselnd / mit verteilten Rollen.

Sich entschuldigen:

Lo siento, no lo he hecho a propósito.	Tut mir leid, das habe ich nicht mit Absicht getan.
Lo siento, (no) es culpa mía.	Tut mir leid, das ist (nicht) meine Schuld.

LOS VERBOS | Die Verben

Hier findest du die Konjugationen oder Konjugationsmuster aller Verben, die du in **¡Apúntate ya! 2A** gelernt hast.

1 Die Hilfsverben | Los verbos auxiliares

infinitivo	**ser**	**estar**	**haber**
presente	**soy** **eres** **es** **somos** **sois** **son**	**estoy** est**ás** est**á** est**amos** est**áis** est**án**	**he** **has** **ha** **hay** **hemos** **habéis** **han**
imperativo	**sé**, **sed**	est**á**, est**ad**	
gerundio	**siendo**	est**ando**	**habiendo**
participio	**sido**	est**ado**	hab**ido**

2 Die regelmäßigen Verben auf -ar/-er/-ir | Los verbos regulares en -ar/-er/-ir

infinitivo	**charlar**	**comer**	**vivir**
presente	charl**o** charl**as** charl**a** charl**amos** charl**áis** charl**an**	com**o** com**es** com**e** com**emos** com**éis** com**en**	viv**o** viv**es** viv**e** viv**imos** viv**ís** viv**en**
imperativo	charl**a**, charl**ad**	com**e**, com**ed**	viv**e**, viv**id**
gerundio	charl**ando**	com**iendo**	viv**iendo**
participio	charl**ado**	com**ido**	viv**ido**

! **creer**:
gerundio: cre**y**endo
! **leer**:
gerundio: le**y**endo

! **salir**:
presente: sal**g**o, sales
imperativo: **sal**
! **abrir**:
participio: **abierto**
! **escribir**:
participio: **escrito**
! **descubrir**:
participio: **descubierto**

3 Die Gruppenverben | Los grupos de verbos

3.1 Verbos con diptongación: e → ie
3.2 Verbos con diptongación: o → ue

infinitivo	**pensar**	**querer**	**encontrar**	**volver**
presente	p**ie**nso p**ie**nsas p**ie**nsa pensamos pensáis p**ie**nsan	qu**ie**ro qu**ie**res qu**ie**re queremos queréis qu**ie**ren	enc**ue**ntro enc**ue**ntras enc**ue**ntra encontramos encontráis enc**ue**ntran	v**ue**lvo v**ue**lves v**ue**lve volvemos volvéis v**ue**lven
imperativo	p**ie**nsa, pensad	qu**ie**re, quered	enc**ue**ntra, encontrad	v**ue**lve, volved
gerundio	pensando	queriendo	encontrando	volviendo
participio	pensado	querido	encontrado	v**ue**lto
	ebenso: **cerrar**, **empezar**	*ebenso:* ! **tener**: *presente:* **tengo**, t**ie**nes *imperativo:* **ten** **preferir**	*ebenso:* **contar**	*ebenso:* **poder**

3.3 El verbo jugar: u → ue

infinitivo	**jugar**
infinitivo	j**ue**go j**ue**gas j**ue**ga jugamos jugáis j**ue**gan
imperativo	j**ue**ga, jugad
gerundio	jugando
participio	jugado

3.4 Verbos con debilitación vocálica: e → i

infinitivo	**seguir**
infinitivo	s**i**go s**i**gues s**i**gue seguimos seguís s**i**guen
imperativo	s**i**gue, seguid
gerundio	s**i**guiendo
participio	seguido

4 Die unregelmäßigen Verben | Los verbos irregulares

infinitivo	**decir**	**hacer**	**ir**	**poner**
presente	**digo** d**i**ces d**i**ce decimos decís d**i**cen	**hago** haces hace hacemos hacéis hacen	**voy** **vas** **va** **vamos** **vais** **van**	pon**g**o pones pone ponemos pon**é**is ponen
imperativo	d**i**, decid	**haz**, haced	**ve, id**	pon, poned
gerundio	d**i**ciendo	haciendo	**yendo**	poniendo
participio	**dicho**	**hecho**	**ido**	**puesto**

infinitivo	**saber**	**sonreír**	**venir**	**ver**
presente	**sé** sabes sabe sabemos sabéis saben	sonrío sonríes sonríe sonreímos sonreís sonríen	**vengo** **vienes** **viene** venimos venís **vienen**	veo **ves** **ve** **vemos** **veis** **ven**
imperativo	sabe, sabed	sonríe, sonreíd	ven, venid	ve, ved
gerundio	sabiendo	sonriendo	v**i**niendo	v**ie**ndo
participio	sabido	sonreído	venido	visto

ebenso: **reír**

VERBOS CON PREPOSICIONES | Verben und ihre Ergänzungen

acordarse de alg., a/c	sich (an jdn./etw.) erinnern
alegrarse de a/c	sich (über etw.) freuen
avisar a alg.	jdn. benachrichtigen, jdm. Bescheid sagen
empezar a + *inf.*	anfangen (etw. zu tun)
ir a + *inf.*	etw. tun werden
jugar a a/c	etw. spielen
participar en a/c	an etw. teilnehmen
pasar por a/c	durch etw. durchgehen, an etw. vorbeigehen
pensar en alg., a/c	an jdn./etw. denken
quejarse de alg., a/c	sich über jdn./etw. beklagen
seguir con a/c	mit etw. weitermachen
tener cuidado con alg., a/c	auf jdn./etw. aufpassen
volver a	zurückkommen nach

Die blaugedruckten Verben sind unregelmäßig oder haben eine Besonderheit.

PEQUEÑO DICCIONARIO DE CULTURA Y CIVILIZACIÓN

Kleines landeskundliches Wörterbuch

Alicante *ca. 322 400 Einwohner*
Spanische Hafenstadt an der *Costa Blanca* (dt.: „Weiße Küste"). Am Mittelmeer im Süden der autonomen Region Valencia gelegen. Amtssprachen sind Spanisch und Valencianisch. Zu den wichtigsten Wirtschaftszweigen gehören Weinbau, Tourismus und Olivenölproduktion. Eine berühmte Sehenswürdigkeit ist das *Castillo de Santa Bárbara,* eine der größten Burganlagen Europas. Von Alicante aus besteht eine Fährverbindung zu den balearischen Inseln, z. B. nach Mallorca. **U6** / Ac

Aspe *ca. 19 300 Einwohner*
Gemeinde in der autonomen Region Valencia, ca. 25 km von Alicante entfernt, im Tal des Flusses *Vinalopó* gelegen. Sehenswert sind z. B. eine Festungsanlage aus dem 12. Jahrhundert sowie Brücken und Aquädukte aus dem 18. und 19. Jahrhundert. **U7** / Ac

Cáceres *ca. 90 800 Einwohner*

Hauptstadt der Autonomen Region Extremadura, im Westen Spaniens gelegen. Bekannt durch das historische Stadtzentrum mit Gebäuden aus dem Mittelalter und der Renaissance. Viele schätzen die Stadt auch wegen der zahlreichen jährlich stattfindenden Musikfestivals. Cáceres hat sich für das Jahr 2016 für den Titel Kulturhauptstadt Europas beworben. **U5** / Ac

Costa Rica *4,3 Mio. Einwohner*
Mittelamerikanisches Land mit der Hauptstadt *San José.* Amtssprache ist Spanisch. Costa Rica grenzt an Nikaragua und Panama sowie an die Karibik und den Pazifik. Im Land herrscht tropisches Klima, gekennzeichnet durch ganzjährige warme Temperaturen sowie einer Regen- und Trockenzeit. In Costa Rica gibt es noch sehr aktive Vulkane, wie der *Arenal.* Höchster Berg ist der *Chirripó Grande* (3 820 Meter). **Anímate 2**

Galicia *ca. 2,8 Mio Einwohner*

Autonome Region im Nordwesten Spaniens. Die Hauptstadt ist *Santiago de Compostela.* Amtssprachen sind Galicisch und Spanisch. Wegen der üppigen Vegetation und des häufigen Regens wird Galicien auch als „Irland Spaniens" bezeichnet. Bekannt geworden ist die Region in den letzten Jahren vor allem durch den Jakobsweg, einen historisch bedeutenden Pilgerweg. Tausende von Menschen aller Nationalitäten – unter ihnen viele Jugendliche – wandern hier jedes Jahr nach *Santiago de Compostela.* Die in vielen Ländern Europas aufgestellten Wegweiser sind mit einer Jakobsmuschel gekennzeichnet. **U5** / Ac

Madrid *ca. 3,2 Mio Einwohner*

Seit 1561 Hauptstadt Spaniens. Regierungs- und Königssitz. Wirtschafts- und Kulturzentrum des Landes und weltberühmt für seine Museen (z. B. *Museo del Prado*) und Heimat des Fußballvereins Real Madrid. **U7** / Ac

Mortadelo y Filemón

Mortadelo und *Filemón* sind die Hauptfiguren einer spanischen Comic-Serie. Seit 1958 besteht das Agentenpaar haarsträubende Abenteuer, die zum Teil auch verfilmt wurden, wie zum Beispiel *La gran aventura de Mortadelo y Filemón.* U1

Museo del Juguete (Alicante)
Ursprünglich im Jahre 1905 von einer Handwerkerfamilie gegründete Fabrik in Alicante zur Herstellung von Blechspielzeug, die 1984 in ein Museum umgewandelt wurde. Mehr als 400 Ausstellungsstücke erzählen die Geschichte des Blechspielzeugs. Die Miniaturgegenstände reichen von Spieluhren, Drehkreiseln und Pferdekutschen über Minieisenbahnen und -automobile. U1/T

Pontevedra *ca. 80 000 Einwohner*
Küstenstadt am Atlantischen Ozean in der autonomen Region Galicien im Nordwesten Spaniens. Hier finden jährlich viele tradtionelle Feste statt, z. B. das „Begräbnis des Papageis Ravachol", ein Spektakel zum Ende des Karnevals, bei dem sich die Bewohner der Stadt mit ihren Haustieren versammeln. U5/Ac

San Sebastián *(baskisch: Donostia)*
ca. 183 000 Einwohner

Nordspanische Küstenstadt am Golf von Biskaya (Atlantischer Ozean) in der autonomen Region Baskenland. Jedes Jahr finden hier im September internationale Filmfestspiele statt, bei denen der beste Film mit der Goldenen Muschel ausgezeichnet wird. U5/Ac

Shakira *(geb. 1977)*
In Kolumbien geborene Pop- und Rock-Sängerin. Shakira wurde im Alter von 13 Jahren von der Musikszene entdeckt und veröffentlichte mit 14 Jahren ihr erstes Album. Mit ihren zunächst nur spanischsprachigen Alben wie *Pies descalzos* und *Estoy aquí* hatte sie großen Erfolg im spanischen und lateinamerikanischen Raum. Seit 2001 veröffentlicht sie englischsprachige Titel und wurde damit auch international bekannt. Neben ihrer Musikkarriere engagiert sich Shakira sozial für Straßenkinder in Kolumbien. U3/T

Tuy *ca. 17 000 Einwohner*
Spanische Stadt in der autonomen Region Galicien, an der Grenze zu Portugal gelegen. Sehenswert ist die Kathedrale von Santa María, die zu den schönsten Kirchen Galiciens zählt. U5/Ac

Valencia *ca. 800 000 Einwohner*

Hauptstadt und kulturelles Zentrum der autonomen Region Valencia, am Mittelmeer gelegen. Nach Madrid und Barcelona ist Valencia die drittgrößte Stadt Spaniens. Eine große Attraktion ist die *Ciudad de las Artes y de las Ciencias*, ein modernes Kultur- und Wissenschaftszentrum mit futuristischen Bauten und dem weltweit größten Aquarium. Eine Attraktion ist auch das fünf Tage dauernde Frühlingsfest „Las Fallas". Dabei stellen die einzelnen Stadtviertel übergroße Puppen aus Pappmaché und Holz aus, und es finden Umzüge, Feuerwerke und Festessen statt. U7/T

LISTA CRONOLÓGICA

Symbole und Abkürzungen

~ bezeichnet die Lücke, in die das neue Wort einzusetzen ist.
= bezeichnet Wörter und Wendungen mit gleicher oder ähnlicher Bedeutung.
≠ bezeichnet Wörter und Wendungen mit gegensätzlicher Bedeutung.
1 bezeichnet ein Wort, das angeglichen werden muss. Die richtige Form steht am Ende des Kapitels.
👁 bezeichnet eine sprachliche Besonderheit, auf die du aufpassen musst.

Die blaugedruckten Verben sind unregelmäßig oder haben eine Besonderheit.

Grundschrift = obligatorischer Wortschatz

adj. adjetivo, Adjektiv
adv. adverbio, Adverb
alg. alguien, jemand / en/-m
arg. argentino, argentinisch
a/c alguna cosa, algo, etwas
f. femenino, Femininum
fam. familiar, umgangssprachlich
inf. infinitivo, Infinitiv

kursiv = fakultativer Wortschatz

ing. inglés, englisch
lat. am. latinoamericano, lateinamerikanisch
m. masculino, Maskulinum
n. neutro, Neutrum
pl. plural, Plural
sg. singular, Singular
sust. sustantivo, Nomen
umg. umgangssprachlich

1 ¿QUÉ HORA ES?

¡ACÉRCATE!

¿Qué hora es?	Wie spät ist es?	
la hora	die Stunde *Uhrzeit*	***ing.:*** hour
Es la / Son las […].	Es ist […].	~¹ una.
Es la / Son las […] y […].	Es ist […] nach […]. *Uhrzeit*	
hora + **de la mañana**	(7 Uhr) + morgens	Son las 7 ~.
la mañana	der Morgen	La ~ es muy bonita.
temprano	früh	La familia de Sarah come ~.
¿Tienes hora?	Kannst du mir sagen, wie spät es ist?	
Son las (3) y cuarto.	Es ist Viertel nach (3). *Uhrzeit*	
Son las (3) y media.	Es ist halb (4). *Uhrzeit*	
¡Claro que sí!	Selbstverständlich!, Natürlich!	
Son las (3) menos cuarto.	Es ist Viertel vor (3). *Uhrzeit*	
llegar tarde	zu spät kommen	No quiero ~ al cole.
¿A qué hora […]?	Um wie viel Uhr […]?	– ¿~ quedasteis tú y Sarah?
cerrar (e → ie)	schließen	La panadería ~² tarde.
la piscina	das Schwimmbad	Por aquí hay una ~.
A la una. / A las (3).	Um (3) Uhr. *Uhrzeit*	Elena visita hoy a Esteban ~ 3.

– ¿A qué **hora** (comes)? – **A la** una. / **A las** siete.

ver la tele	fernsehen	– ¿Puedo ~?
la tele *fam.* **= la televisión**	der Fernseher	La ~ de Javi es muy pequeña.
el minuto	die Minute	

Son las […] menos […].	Es ist […] vor […]. *Uhrzeit*	

¿Qué hora es?

Es la una.	Son las dos.	Son las tres y veinte.	Son las cuatro y cuarto.	Son las cinco y media.	Son las seis menos veinticinco.	Son las siete menos cuarto.

el reloj	die Uhr	Mi abuelo tiene cuatro ~[3].
diferente	verschieden, anders	***ing.:*** different / Los relojes de Esteban tienen horas ~[4].
hora + **de la noche**	*Uhrzeit* + abends, nachts	En San José son las 9 ~.
la noche	die Nacht / der (späte) Abend	
hora + **de la tarde**	*Uhrzeit* + nachmittags	Tomamos un helado a las 5 ~.
la tarde	der Nachmittag	La ~ del sábado es muy tranquila.

1 D ¿TIENES SU NÚMERO?

el número	die Zahl, *hier* die Telefonnummer	Él no contesta. Es que tiene un ~ nuevo.
apuntar	notieren, aufschreiben	Sarah ~[5] el número de Esteban.
es el + *número*	(die Nummer ist) + *Zahl*	
¿Dígame?	Ja?, Hallo? *am Telefon*	
el momento	der Moment	
¿Dime?	Ja?, Hallo? *am Telefon*	
hacer	machen	Las dos chicas ~[6] sus deberes.
ir (a)	gehen (zu, nach)	Nosotros ~[7] cine temprano.
¿cuándo?	wann?	– ¿~ vais a la playa?

– ¿**Cuándo** vuelve Elena? – Mañana. – ¿**A qué hora** es la película? – A las 8.

por la tarde	nachmittags	~ salgo con mi perro.
¡Lo siento!	Es / Das tut mir leid!	– ¿Vamos a la heladería? – ~, pero tengo que visitar a mi abuelo.
¡Qué pena!	Wie schade!	– ¿No puedes ir al museo? ¡~!
entonces	dann, also	– ~, ¿nos vemos luego?

1T ¿VAMOS A LA PLAYA?

el teléfono	das Telefon	El ~ está en el salón.
es que	nämlich, eigentlich	– No puedo salir. ~ tengo que estudiar.
el coro	der Chor	
porfa *fam.* = por favor	bitte	
de verdad	ehrlich, wirklich	
está bien	ok, in Ordnung	– Lo siento, no puedo ir. – Bueno, ~.
primero	zuerst	~ hago mis deberes, luego salgo.
llamar	(an)rufen	Sarah ~[8] a Elena.
¿Qué hay?	Was gibt's?	– Hola, Sarah, ¿~?
¿adónde?	wohin?	≠ ¿de dónde?
el museo	das Museum	Los ~[9] de Alicante son muy interesantes.
nadar	schwimmen	Esteban y Sarah van a ~ juntos.
contestar	(be)antworten	Esteban no ~[10] el teléfono.
el polideportivo	das Sportzentrum	Hacemos deporte en el ~.
el partido de fútbol	das Fußballspiel	Hay un ~ en el polideportivo.
antes	vorher, davor	≠ después
empezar (e → ie)	anfangen, beginnen	La película ~[11] temprano.
hacer un trato	ein Abkommen schließen	Esteban y Sarah ~[12].
el trato	das Abkommen	El ~ es genial.
contigo	mit dir	– Yo voy ~ a la piscina.
conmigo	mit mir	– Tú vas ~ al polideportivo.
quedar	sich verabreden	– ¿(Nosotros) ~[13] enfrente del museo?
delante (de)	vor, davor	

PARA COMUNICARSE

1

So fragst du nach der Uhrzeit und gibst sie an:
¿Qué hora es?
¿Tienes hora?
Es la una. / Son las (diez).

So gibst du die Tageszeit an:
Son (las seis) de la mañana. / Son (las dos) de la tarde. / Son (las nueve) de la noche.

So fragst du nach der Telefonnummer und gibst sie an:
¿Tienes el número de (Ana)?
Sí, es el (963 74 25 13).

So führst du ein Telefongespräch:
¿Dígame? / ¿Dime?.
¡Hola, soy (Ana)!
¿Puedo hablar con (Carlos), por favor?
Sí, un momento.
(Carlos), es para ti. / (Carlos), ¡teléfono!
¿Qué hay?

So verabredest und einigst du dich:
¿Vamos a (la playa)?
¿Cuándo vas al (estadio)? /
¿A qué hora vas a (la playa)?
Lo siento, hoy no puedo.
Es que no tengo tiempo. Tengo que (estudiar).
¡Qué pena! ¿Por qué no (vamos mañana)?
¿Dónde quedamos? ¿A qué hora?
Sí, bueno. Entonces, hasta mañana.

1 Es la 2 cierra 3 relojes 4 diferentes 5 apunta 6 hacen 7 vamos al 8 llama 9 museos 10 contesta 11 empieza 12 hacen un trato 13 quedamos

2 EL HORARIO DE LOS CHICOS

¡ACÉRCATE!

el horario (de clase)	der Stundenplan	
1° de ESO	6. Schuljahr	
la comida	das Essen	La ~ de Paco es estupenda.
el lunes	der Montag	
Geografía e Historia *f. sg.*	Geographie und Geschichte *Schulfach*	
e	und *(vor /i/ + /hi/)*	
Lengua y Literatura *f. sg.*	Sprache und Literatur (= Spanisch) *Schulfach*	
Matemáticas *f. pl.*	Mathematik *Schulfach*	
Inglés *f. sg.*	Englisch *Schulfach*	
Educación Plástica y Visual	Kunst *Schulfach*	
la Tutoría	die Nachhilfe *Schulfach*	La ~ es el lunes por la tarde.
el martes	der Dienstag	El ~ voy al cine con mis amigos.
Ciencias de la Naturaleza	Naturwissenschaften *Schulfach*	La profesora de ~ es muy divertida.
Tecnología	Technologie *Schulfach*	
Educación Física	Sport *Schulfach*	
el miércoles	der Mittwoch	El día después del martes es el ~.
la Optativa	das Wahlfach *Schulfach*	
Religión	Religion *Schulfach*	
Ética	Ethik *Schulfach*	
el jueves	der Donnerstag	
el viernes	der Freitag	
¿cuánto/-a?	wie viel/e?	– ¿~[1] chicos hay en tu clase?
durante+ *sust.*	während + *Nomen*	
la semana	die Woche	– ¿Cuántas horas de Inglés tenéis durante la ~?
los lunes	montags	Los ~ tengo clases de guitarra.
¿hasta qué hora?	Bis wann / wie viel Uhr?	– ¿~ puedes salir a pasear con tu perro?
hasta la / las [...]	bis um [...] *Uhrzeit*	– Salgo a pasear con Sami ~[2] seis.
desde la / las [...] hasta la / las [...]	von / seit [...] bis [...] *Uhrzeit*	– Tengo clases de Geografía e Historia ~ las diez y diez ~ once y cinco.
para el lunes	für Montag	– ~ tenemos los deberes de Ética.
por la mañana	morgens	
el domingo	der Sonntag	– ¿Vais el ~ a la playa?
¡Qué palo! *fam.*	Wie lästig / doof!	
la asignatura	das Schulfach	– Mis ~[3] favoritas son Matemáticas e Inglés.

Las asignaturas:		
Tecnología	Matemáticas (Mates)	Geografía e Historia
Optativa	Educación Física	Ciencias de la Naturaleza
Religión	Lengua y Literatura	Educación Plástica y Visual
Ética	Tutoría	

sobre	über	En Ciencias de la Naturaleza aprendemos un montón ~ los animales.
¡bah!	bäh	

2 D ¡QUÉ SIMPÁTICO!

simpático/-a	sympathisch	Las amigas de Javi son muy ~[4].
contento/-a	zufrieden	Elena está ~[5].
deportista	sportlich	Sarah es muy ~.
Creo que [...].	Ich glaube, dass [...].	
estar cansado/-a (de)	müde sein (von)	Esteban siempre ~[6] después del cole.
estar harto/-a (de a/c)	(etwas) satt haben	Javi ~[7] de Educación Física.
nervioso/-a	nervös	Hoy el chico está muy ~[8].
bueno/-a	gut	Elena es muy ~[11] en Geografía e Historia.
atento/-a	aufmerksam	Ella siempre está ~[9] en las clases de Inglés.

2 T ASÍ SON LOS CHICOS

desayunar	frühstücken	La familia de Esteban ~[10] junta.
el curso	der Kurs	
la nota	die Note	Ella siempre tiene buenas ~[12].
tener chispa	pfiffig sein	Elena es tranquila pero ~[13].
el idioma	die Sprache	Sarah y los ~[14] son muy amigos.
la palabra	das Wort	
ser el fuerte de alg.	die Stärke von jdm. sein	Las palabras nuevas no ~[15] Elena.
la hora de comer	*hier* die Mittagszeit	A la ~ Javi no vuelve a casa.
contar (o → ue)	erzählen	
el chiste	der Witz	Los ~[16] de Javi son muy divertidos.
odiar	hassen	La chica ~[17] Geografía.
el nombre	der Name	Su ~ es Esteban.
la montaña	der Berg	***ing.:*** mountain
o	oder	
el río	der Fluss	
por eso	deswegen	Javi lee mucho. ~ su asignatura favorita es Lengua y Literatura.
malo/-a	schlecht	≠ bueno/-a
alegre	fröhlich	El hermano de Javi es muy ~.
parlanchín/-ina	geschwätzig	El chico es muy ~[18].

activo/-a	aktiv	Durante la semana los chicos son ~[19].
travieso/-a	keck, forsch, unartig	Los niños pequeños son muy ~[20].
el voleibol	Volleyball *Sportart*	Las actividades favoritas de Esteban son el fútbol y el ~.
por la noche	nachts, *hier* spät abends	~ Esteban chatea con su primo.
cenar	zu Abend essen	Por la noche la familia de Esteban ~[21].
Mates *fam.* = Matemáticas	Mathe *Schulfach*	Esteban y las ~ no son muy amigos.

PARA COMUNICARSE

2

So sprichst du über deinen Stundenplan und die Schulfächer:

Tengo clase de (Inglés) desde (las diez y diez) hasta (las once y cinco).
Mi asignatura favorita es (Música).
Soy muy bueno/buena en (Inglés).
(Educación Física) (no) es mi fuerte.
Estoy harto/harta de (Mates).
Mañana es el examen de (Mates). ¡Qué palo!
Los lunes tengo clases de (Inglés).
Los miércoles no tengo clase de (Matemáticas).

So beschreibst du eine Person:

El chico es (simpático). / La chica es (simpática).
(Laura) tiene chispa.
(Javi) no es muy amigo de los deportes.

So sagst du, wie es einer Person geht:

(Elena) está un poco cansada.
(Ana) está muy nerviosa porque tiene un examen de Mates.

So beschreibst du deinen Tagesablauf:

Por la mañana (voy al colegio).
A la hora de comer (no vuelvo a casa porque como en el colegio).
Por la tarde (toca la guitarra).
Por la noche (ceno con mi familia).
Durante la semana (desayuno solo/sola), pero los domingos (desayuno con mis padres).

1 Cuántos 2 Hasta las 3 asignaturas 4 simpáticas 5 contenta 6 está cansado 7 está harto 8 nervioso 9 atenta 10 desayuna 11 buena 12 notas 13 tiene chispa 14 idiomas 15 son el fuerte de 16 chistes 17 odia 18 parlanchín 19 activos 20 traviesos 21 cena

3 ¿QUÉ LLEVAS HOY?

¡ACÉRCATE!

llevar	*hier* tragen *Kleidung*	
la camisa	das Hemd	La ~ de Paco no es nueva.
de manga larga	langärmelig	La camisa ~ es muy bonita.
largo/-a	lang	Esteban lleva una camisa muy ~[1].
la camiseta	das T-Shirt	Tengo una ~.
de manga corta	kurzärmelig	≠ de manga larga
corto/-a	kurz	≠ largo/-a
los pantalones	die Hose	Los ~ de Elena son cortos.
los vaqueros	die Jeans	Los ~ de Clara son muy pequeños.
azul	blau	Sarah lleva una camisa ~.
la falda	der Rock	Mi ~ favorita es azul.

blanco/-a	weiss	– ¿Dónde está mi camiseta ~[2]?
el jersey	der Pullover	***ing.:*** jersey / El ~ de Esteban es nuevo.
verde	grün	El color favorito de Elena es el ~.
el vestido	das Kleid	Los dos ~[3] de Elena son verdes.
amarillo/-a	gelb	El jersey ~[4] es muy corto.
el zapato	der Schuh	
negro/-a	schwarz	Los zapatos nuevos de Javi son ~[5].
las zapatillas (de deporte)	die Turnschuhe	– ¿Tienes ~ nuevas? – Sí.
la gorra	die Mütze	La ~ de Esteban es de Costa Rica.
rojo/-a	rot	La mochila de Esteban es ~[6].

Los colores:

el chándal	der Trainingsanzug	Esteban lleva un ~.
tener frío	frieren	– Elena, Javi, ¿no ~[7] ?
elegante	elegant	La camisa de Javi es muy ~.
feo/-a	hässlich	≠ bonito/-a
¡No, qué va!	Überhaupt nicht!	– Javi, ¿tu libro no es aburrido? – ~.

3 D NO ME GUSTA LA ROPA ELEGANTE

gustar	gefallen	

Me / Te / Le gusta (el sombrero / cantar). Me / Te / Le gustan (las gafas).

la ropa	die Kleidung	Los chicos llevan ~ original y divertida.

¡Date prisa!	Beeile dich!	
estar listo/-a	fertig sein	Elena no encuentra la falda verde. Por eso no ~[8].
¡Ahora voy!	Ich komme schon!	
esos + *sust.*	diese + *Nomen* (da)	≠ estos
viejo/-a	alt	Me gusta la ropa vieja.

esa + *sust.*	diese + *Nomen* (da)	~ camiseta es nueva.
Mola/n mucho. *fam.*	Das ist (der) „Hammer". *hier* Das sieht toll aus.	
a mí también / tampoco	mir auch (nicht)	Me gustan tus gafas. – ~.
estar de moda	modern sein	Los vaqueros blancos ~[9].
las gafas de sol	die Sonnenbrille	– Las ~ son de mi madre.
las gafas	die Brille	La abuela de Javi necesita ~ para leer.
el sol	die Sonne	

Die Sonne ist auf Spanisch männlich:
el sol

3T LA FALDA VERDE

este + *sust.*	dieser + *Nomen*	~ libro es muy interesante.
esta + *sust.*	diese + *Nomen*	~ noche hay una fiesta en el barrio.
pasar (por)	vorbeigehen	Javi y Sarah ~[10] la casa de Elena.
los fuegos artificiales	das Feuerwerk	Los chicos quieren ver los ~.
el fuego	das Feuer	
original	originell	
unos/-as	ein paar	
mono/-a *fam.*	niedlich, schön	Las gafas de Sarah son muy ~[11].
decir (e → i)	sagen	
el sombrero	der Hut	Esteban lleva un ~.
tener prisa	es eilig haben	Los chicos ~[12].
ese + *sust.*	dieser + *Nomen* (da)	~ libro es de Sarah.
ir bien con	gut passen zu	Los zapatos verdes ~[13] la falda negra.
el pelo	das Haar	A Sarah le gusta el ~ de Elena.
castaño/-a	braun *Haar-* und *Augenfarbe*	El pelo de Elena es ~[14].
el ojo	das Auge	Elena tiene los ~[15] castaños.
preguntar	fragen	
la lavadora	die Waschmaschine	La falda no está en la ~.
ordenar	aufräumen	Elena ~[16] su habitación.
en seguida	sofort	Los chicos quieren salir ~.
pues no	natürlich nicht	– Elena, ¿estás lista? – ~, no estoy lista.
estos + *sust.*	diese + *Nomen* (hier)	~ pantalones son de mi prima.
estas + *sust.*	diese + *Nomen* (hier)	~ revistas son de mi padre
guapo/-a	hübsch	Javi, ¡estás muy ~!
a mí no	mir nicht	Me gusta el fútbol. – ~.
la mano	die Hand	La madre tiene unos vaqueros en la ~.
sin	ohne	Elena no quiere salir ~ la falda verde.

de repente	plötzlich	
esas + *sust.*	diese + *Nomen* (da)	≠ estas
por ahí	dort	

PARA COMUNICARSE 3

So sprichst du über Kleidung und Farben:

Llevo (una camisa de manga corta amarilla).

Lleva ropa (muy original).

Mi color favorito es el (rojo).

La (gorra) es un poco grande.

(Javi), ¡qué elegante estás!

(Tu ropa) mola mucho.

(Tu camiseta verde) va muy bien con (tu pelo castaño).

(Estos vaqueros blancos) están de moda.

So sagst du, was du (nicht) magst:

¿Te gusta esta camiseta? Sí, me gusta (mucho).

A mí también me gusta.

¿Te gustan estos zapatos? A mí no me gustan.

A mí tampoco me gustan.

1 larga 2 blanca 3 vestidos 4 amarillo 5 negros 6 roja 7 tenéis frío 8 está lista 9 están de moda 10 pasan por 11 monas 12 tienen prisa 13 van bien con 14 castaño 15 ojos 16 ordena

4 EL DÍA DE LA COMIDA SANA

¡ACÉRCATE!

sano/-a	gesund	
próximo/-a	nächste/r	El ~ viernes es «el día de la comida sana».
el desayuno	das Frühstück	El ~ favorito de Javi no es sano.
perfecto/-a	perfekt	El desayuno es ~.
la manzana	der Apfel	El caballo come una ~.
los cereales	das Müsli, die Cornflakes	***ing.:*** cereals / A Elena le gustan los ~.
la fruta	die Frucht, das Obst	
por ejemplo	zum Beispiel	
el plátano	die Banane	Mi fruta favorita es el ~.
la pera	die Birne	
el melocotón	der Pfirsich	
dulce	süß	Los plátanos de Costa Rica son muy ~[1].
la galleta	der Keks	– Javi, aquí tienes tus ~[2].
el cruasán	das Croissant	
la tostada	der Toast	
la mantequilla	die Butter	
la mermelada	die Marmelade	
la leche	die Milch	Hoy Javi quiere beber un vaso de ~.
el Cola Cao	*typisch spanisches Kakaogetränk*	Javi bebe un vaso de ~.
típico/-a	typisch	
el pan	das Brot	El ~ alemán es diferente.

el gallo pinto	*typisches Gericht aus Costa Rica mit Reis und Bohnen*	
el huevo	das Ei	
el plato	der Teller, *hier* das Gericht *Essen*	El ~ típico de Costa Rica es el gallo pinto.
el arroz	der Reis	
el frijol	die Bohne	
el fin de semana	das Wochenende	Esteban desayuna gallo pinto los ~[3].
el embutido	die Wurst	El desayuno típico alemán tiene ~.

4 D ¿QUÉ VAMOS A HACER?

ir a + *inf.*	etwas tun werden	Sarah ~[4] desayunar con Esteban.
organizar	organisieren	Vosotros ~[5] un desayuno.
eso	das	– El zumo es muy sano. – Sí, ~ dice mi madre.

LA LISTA DE LA COMPRA

la lista de la compra	die Einkaufsliste	Javi hace la ~.
la botella (de)	die Flasche	Elena compra una ~ zumo.
mucho/-a	viel/e	Tengo ~[6] hambre.
la vitamina	das Vitamin	Las verduras tienen muchas ~[7].
el paquete (de)	das Paket	
el litro (de)	der Liter	Los chicos compran un ~ zumo de naranja.
medio kilo (de) *m.*	halbes Kilo	Para la macedonia necesito ~ melón.

4 T ¿QUÉ VAMOS A COMPRAR?

la hamburguesa	der Hamburger	Las ~[8] no son sanas.
las patatas fritas	die Pommes frites	Las ~ tampoco son sanas.
estar de acuerdo	einverstanden sein	Javi no ~[9]. Para él las hamburguesas son buenas.
la lechuga	der Kopfsalat	Los conejos comen ~.
el tomate	die Tomate	Las hamburguesas tienen ~.
la verdura	das Gemüse	
que	der, die, das *Relativpron.*	– Javi, la comida ~ a ti te gusta no siempre es sana.
¿o no?	Oder etwa nicht?	
la carne	das Fleisch	El abuelo de Javi come mucha ~.
bastante	ziemlich	Mi habitación es ~ pequeña.
perplejo/-a	perplex, ratlos	Los amigos de Javi están bastante ~[10].
el libro de Ciencias	das Naturkundebuch *Schule*	Con el ~ aprendemos muchas cosas.
la grasa	das Fett	Las patatas fritas tienen ~.
poco/-a	wenig/e	≠ mucho/-a
el argumento	das Argument	Javi no escucha los ~[11] de sus amigos.
menos mal que	zum Glück	

sobre todo	vor allem	~ a Javi le gusta el zumo.
el texto	der Text	Javi lee el ~ de la botella.
el azúcar	der Zucker	Los pasteles tienen mucho ~.
el / la profe *fam.* = el / la profesor/a	der Lehrer / die Lehrerin	Según la ~ el azúcar no es bueno.
estallar de risa *fam.*	sich kaputtlachen	Javi y sus amigos ~[12].
tan	so	
pasar	verbringen *Zeit*	Los chicos ~ la tarde con muchos chistes.
desde	von [...] aus *Präp. örtlich*	Vosotros escucháis a los chicos ~ la cocina.
la macedonia	der Obstsalat	La madre prepara una ~.
hace mucho calor	es ist sehr heiß *Wetter*	Preparo una macedonia porque hoy ~.
el calor	die Hitze	
barato/-a	billig	Las frutas son ~[13].
a la vez	auf einmal, gleichzeitig	Los chicos hablan ~.
la lata (de)	die Dose	Las frutas de ~ no son sanas.
¡Qué dices!	Was sagst du da!	
fresco/-a	frisch	Los chicos prefieren las frutas ~[14].
un poco de	ein bisschen	
el chocolate	die Schokolade	
el mercado	der Markt	Compro la fruta en el ~.
el melón	die Melone	En el mercado hay ~ de España.
la uva	die Weintraube	Las ~[15] de Chile son muy buenas.
la piña	die Ananas	

el gramo	das Gramm	
cien	hundert	
el cuarto de kilo (de)	das viertel Kilo	El pastel tiene un ~ azúcar.
caro/-a	teuer	≠ barato/-a
¿Cuánto es todo?	Wie viel macht das?	
Son 8 euros con 75.	Das macht 8 Euro und 75 Cent.	
el euro	der Euro	
Aquí tiene.	Bitte. *beim Bezahlen*	
el dinero	das Geld	– ¿Tenemos ~ para comprar caramelos?

4

PARA COMUNICARSE

So sprichst du über dein Frühstück:
Un desayuno típico de Alemania es: (pan, mantequilla y mermelada).
Un desayuno perfecto para mí es: (galletas y Cola Cao).
Prefiero un desayuno sano con (cereales y fruta).
A mí me gustan (las cosas dulces).
¡Qué rico / sano / bueno!

So sprichst du über deine Pläne:
¿Qué vas a hacer (por la tarde)?
Voy a (ir al cine).

So kaufst du ein:
¿Qué vamos a comprar?
Vamos a comprar (un litro de zumo de naranja).
Vamos a ir al mercado a comprar (las frutas).
Voy a hacer la lista de la compra.
La lista de la compra:
- una botella de (zumo)
- un paquete de (cereales)
- un litro de (leche)
- cinco (plátanos)
- medio kilo de (manzanas)

Hola, necesito (tres cuartos de kilo de peras), por favor.
¿Y qué más?
¿Cuánto es todo?
Es un euro. / Son 8 euros con 75.
Aquí tiene. ¡Gracias!

1 dulces 2 galletas 3 fines de semana 4 va a 5 organizáis 6 mucha 7 vitaminas 8 hamburguesas 9 está de acuerdo 10 perplejos 11 argumentos 12 estallan de risa 13 baratas 14 frescas 15 uvas

5 EL CAMPAMENTO DE VERANO

¡ACÉRCATE!

el campamento	das Ferienlager	El ~ es muy divertido.
el verano	der Sommer	En el ~ estamos en un campamento.
encantar	gefallen (sehr)	≠ odiar / – ¿Te gusta ese restaurante? – ¡Sí, me ~[1]!
montar a caballo	reiten	Elena ~[2] los lunes.
hacer **una excursión**	einen Ausflug machen	Nosotros ~[3] a la playa.
la excursión (*pl.* excursiones)	der Ausflug	***ing.:*** excursion / Hago bocadillos para la ~.
Tuy	Tui *Stadt in Spanien*	
mola/n *a/c fam.*	etwas ist / sind cool	La camiseta de Aitor ~[4].
la cabaña	die Hütte	Durante las vacaciones Elena vive en una ~.
les	ihnen *indirektes Objektpronomen*	
¡Voy a pasármelo muy bien!	Ich werde viel Spaß haben.	
todos/-as	alle	En el campamento ~[5] son simpáticos.
el ruido	der Lärm	
tremendo/-a	schrecklich	En el campamento el ruido es ~[6].

el pescado	das Fischgericht *Essen*	Me encanta el ~.

el pez

el pescado

No me gusta nada.	*hier* Das mag ich gar nicht.	
San Sebastián	*Stadt im Nordosten Spaniens*	
el / la compañero/-a	*hier* der / die Mitbewohner/in	Alina, Bea y Mar son las ~[7] de Elena.
Londres	London *Hauptstadt von Großbritannien*	
Lisboa	Lissabon *Hauptstadt von Portugal*	
Cáceres	*Stadt in Spanien*	
participar (en *a/c*)	(an etw.) teilnehmen	
el torneo	das Turnier	Los chicos quieren participar en el ~.
ganar	gewinnen *Spiel*, verdienen *Geld*	Aitor quiere ~ el torneo.
Pontevedra	*Stadt in Spanien*	
practicar deporte/s	Sport machen / treiben	A Aleixo no le gusta ~.
Me gustaría […].	Ich würde gerne […].	~ hacer una excursión a la montaña.
bucear	tauchen	Mañana queremos ~.
os	euch *indirektes Objektpronomen*	
jugar (a *a/c*) (u → ue)	(etw.) spielen	– ¿Vosotros ~[8] al fútbol?
el balonmano	der Handball	– No, pero sabemos jugar al ~.
nos	uns *indirektes Objektpronomen*	

5D ESTOY FREGANDO LOS PLATOS

fregar (e → ie)	abwaschen *Geschirr*	Después de comer los chicos tienen que ~.
los platos	das Geschirr	Fregar ~ no es muy divertido.
todos los + *sust.*	jede + *Nomen*, alle + *Nomen*	
ayudar (en *a/c*)	(bei etw.) helfen	Elena ~[9] todas las mañanas en la cocina.
cocinar	kochen	Mi madre cocina muy bien.

Ayudar en casa

cocinar | ordenar | hacer la cama | poner la mesa | fregar los platos | limpiar

poner la mesa	den Tisch decken	

limpiar	sauber machen, putzen	Elena ayuda a ~ la cocina.
estar hasta las narices *fam.*	die Nase voll haben	Elena ~[10] de los chistes de Aitor.
hacer la cama	das Bett machen	A Elena no le gusta ~.

5T ¿QUÉ ESTÁS HACIENDO?

la vida	das Leben	Nos encanta la ~ en el campamento.
el / la monitor/a	*hier* der / die Betreuer/in	Los ~[11] trabajan en el campamento.
el / la otro/-a + *sust.*	der / die / das andere + *Nomen*	Para Elena, Aitor no es simpático, pero los ~[12] chicos sí.
el juego	das Spiel	
Puntomanía	*Name eines fiktiven Spiels*	
el punto	der Punkt	
todas las + *sust.*	jede + *Nomen*, alle + *Nomen*	~[13] mañanas desayuno pan.
todos los días	jeden Tag	Hago mi cama ~.
estar limpio/-a	sauber sein	Mi habitación no ~[14].
el / la campeón/-ona, (*pl.* campeones/-as)	der / die Sieger/in	***ing.:*** champion / Las chicas quieren ser las «~[15] del campamento».
el parque de atracciones	der Vergnügungspark	Ellas quieren ganar una excursión a un ~.
el parque	der Park	
el comedor	*hier* der Speisesaal	El ~ del campamento es muy grande.
el plato	der Teller	***ing.:*** plate
todo el + *sust.*	der ganze + *Nomen*	Quiero leer ~ libro.
toda la + *sust.*	die ganze + *Nomen*	No quiero fregar platos ~ mañana.

todo el día = der ganze Tag	toda la cabaña = die ganze Hütte
todos los días = jeden Tag	todas las cabañas = jede Hütte; alle Hütten

estar de vacaciones	in den Ferien, im Urlaub sein	La madre de Elena también ~[16].
las vacaciones	die Ferien, der Urlaub	***ing.:*** vacation / Durante las ~ los chicos juegan mucho.
el / la vecino/-a	der / die Nachbar/in	Tres de los ~[17] son simpáticos.
fantástico/-a	fantastisch	Los vecinos son los «cuatro ~[18]».
la cena	das Abendessen	Después de la ~ Marta cuenta chistes.
el rato	die Weile	Todos los días Elena habla un ~ con Sarah.
tomar el pelo a alg. *fam.*	jdn. auf den Arm nehmen	
pesado/-a	lästig	≠ simpático/-a / Aitor es ~[19].
la cabeza	der Kopf	Ana lleva un sombrero en la ~.
nada más	*hier* sonst nichts, *auch* nichts mehr.	
llamar por teléfono	anrufen	Elena no puede ~ a Sarah.
venir (e → ie)	kommen	≠ ir
¿Qué te pasa?	Was ist mit dir los?	
aguantar	ertragen	Elena no ~[20] los chistes pesados.
la tontería	die Dummheit, der Blödsinn, der Quatsch	Para Elena, Aitor dice muchas ~[21].

Me cae bien / mal.	Ich finde ihn / sie nett / nicht nett.	
mal *adv.*	schlecht	≠ bien
para colmo	noch dazu	
la biblioteca	die Bibliothek	En la ~ hay muchos libros.
la nariz (*pl.* **narices**)	die Nase	
¡Tranquilo/-a!	*hier* Bleib ruhig!	
No es para tanto.	*etwa* Es ist nicht so schlimm. / Übertreibe nicht!	

5

PARA COMUNICARSE

So sprichst du über Freizeitaktivitäten und Sportarten:

Me gusta mucho nadar.
montar a caballo.
jugar al balonmano.
Me encanta el fútbol.
Me gustaría aprender a bucear.
No me gusta mucho practicar deporte.

So sagst du, was du gerade tust:

¿Qué estás haciendo?
Estoy (fregando los platos).

So sprichst du über häusliche Pflichten:

Tengo un trato con mis padres.
Todos los (fines de semana) tengo que ayudar un poco en casa: Pongo la mesa.
Friego los platos.
Ordeno mi habitación.
Limpio el baño.
No me gusta mucho ayudar en casa.

So sprichst du über deine Ferien:

Me gusta el campamento porque me encantan (los animales).
Hacemos una excursión a (Tuy).
En mi cabaña somos (cuatro) chicas.
Los monitores son simpáticos.
¡Voy a pasármelo muy bien!

So sagst du, dass du jemanden (nicht) magst:

Me cae bien/mal.
No aguanto a (Aitor). Es un pesado.
Estoy hasta las narices de los chistes de (Aitor).

1 encanta 2 monta a caballo 3 hacemos una excursión 4 mola 5 todos 6 tremendo 7 compañeras 8 jugáis 9 ayuda 10 está hasta las narices 11 monitores 12 otros 13 todas las 14 está limpia 15 campeonas 16 está de vacaciones 17 vecinos 18 fantásticos 19 pesado 20 aguanta 21 tonterías

6 EL PRIMER DÍA

¡ACÉRCATE!

el primer día	der erste Tag	Hoy es ~ de clases.
el / la primer/a + *sust.*	der / die / das erste + *Nomen*	
el instituto = el insti *fam.*	allgemeine bildende Schule	
el coche	das Auto	
ir **en coche / bici**	mit dem Auto / Fahrrad fahren	
No te preocupes.	Mach dir keine Sorgen.	

el camino	der Weg	El ~ al instituto es interesante.
el pie	der Fuß	Mis ~[1] son muy grandes.
(ir) a pie	zu Fuß gehen	Aitor quiere ~ al instituto.

ir a pie
zu Fuß gehen

ir en bici
Fahrrad fahren

ir en coche
Auto fahren

ir *en tren*
mit dem Zug fahren

ir *en avión*
mit dem Flugzeug fliegen

el señor	der Herr	Un ~ explica a Aitor el camino.
la señora	die Dame, die Frau	La ~ que trabaja en el kiosco canta muy bien.
disculpar	entschuldigen, verzeihen	Señor, ~[2], ¿puede ayudarme?
usted	Sie *höfliche Anrede*	– Señor, ¿~ sabe dónde está el instituto San Vicente?
cruzar *a/c*	etw. überqueren	– Sí, tienes que ~ esta calle.
seguir (e → i)	jdm./etw. folgen	Después, tienes que ~ esta calle hasta la esquina …
todo recto	(immer) geradeaus	Luego sigue esa avenida ~.
coger *a/c*	*hier* abbiegen, *auch* etw. nehmen	Para ir al centro puedes ~ esta calle o la otra.

Achte darauf, dass das **-g-** von „coger" vor -a und -o zur **-j-** wird.
coger: Yo siempre co**j**o esta calle para ir al insti.

el/la segundo/-a + *sust.*	der/die/das zweite + *Nomen*	El ~[3] día en el instituto todo es más fácil.
a la derecha (de)	rechts	Coge la segunda calle ~.
a la izquierda (de)	links	≠ a la derecha (de)/La panadería está ~ del cine.
unos/unas	einige, ein paar	Estoy charlando con ~[4] chicos.
lejos	weit	≠ cerca/El hospital está ~.
hay que + *inf.*	man muss + *Inf.*	Para tener buenas notas ~ estudiar.
el bus *fam.* = **el autobús**	der Bus	Para ir al instituto hay que tomar el ~.
¡Qué va!	Ach was!	– ¿Tu insti está lejos? – ~, está muy cerca.
el semáforo	die Ampel	En esta calle hay dos ~[5].
ve/id *imperativo de ir*	Geh!/Geht!	
¿Está claro?	Ist das klar?	– … y ese es el camino. ~. – Sí, gracias.
¡Creo que sí!	Ich glaube schon!	
el/la portero/-a	der Hausmeister	En el instituto hay un ~[6] muy simpático.
esperar	auf jdn./etw. warten, jdn. erwarten	El portero ~[7] a Aitor.

por poco	beinahe, fast	~ no entras.
¡Uf!	Uff!	
el aula *f.*	das Klassenzimmer	= la clase / Aitor busca su ~.

6D ¿QUÉ TE PARECE?

¿Qué te parece/n + *sust.*?	*etwa* Wie findest du + *Nomen*?	¿~[8] esas chicas?
la vez (*pl.* veces)	das Mal	Hoy es la primera ~ que Sarah ve a Elena después de las vacaciones.
la cafetería	die Cafeteria	
Me parece/n + *adj.*	Ich finde + *Adj.*	El otro chico también ~[9] majo.

– ¿Qué te parece esa chica?
– Me parece simpática.

– ¿Qué te parecen los amigos de Ana?
– Me parecen interesantes.

quejarse (de)	sich (über jdn. / etw.) beklagen	Ella ~[10] de los chicos del campamento.
majo/-a *fam.*	nett, sympathisch	≠ pesado/-a, = simpático/-a / Esa chica es ~[11].
alto/-a	groß *Menschen*, hoch *Berge / Gebäude*, laut *Geräusche*	Aitor es un chico ~[12].
ponerse así *fam.*	*hier* komisch werden	– Sarah, Esteban, ¿por qué ~[13] así?
ponerse rojo/-a (como un tomate) *fam.*	rot werden (wie eine Tomate)	Elena ve a Aitor y ~[14].

6T UNA SORPRESA

la sorpresa	die Überraschung	***ing.:*** surprise
el pasillo	der Flur	En el ~ del instituto hay muchos chicos.
estar perdido/-a	*etwa* sich verlaufen / verfahren	Pero sólo Aitor ~[15].
el tío *fam.*	*hier* der Typ *umg.*	Para Sarah, Aitor es un ~[16] simpático.

Mi tío viene todos los domingos a casa.

¿Sabes quién es ese tío?

explicar *a/c* a *alg.*	(jdm.) etw. erklären	***ing.:*** to explain
irse	weggehen	≠ llegar / Ana no quiere ~ de la playa.
deprisa	schnell	Sarah se va ~.
recibir	etw. bekommen, erhalten	Hoy los chicos ~[17] el horario nuevo.
el / la tercer/a + *sust.*	der / die / das dritte + *Nomen*	El miércoles es el ~[18] día de la semana.

Vor einem männlichen Substantiv im Singular verlieren die Adjektive primero und tercero das **-o**:
el primer día — el tercer cedé

el / la cuarto/-a + *sust.*	der / die / das vierte + *Nomen*	El jueves es el ~19 día de la semana.
el / la quinto/-a + *sust.*	der / die / das fünfte + *Nomen*	El viernes es el ~20 día de la semana.
ducharse	sich duschen	Después del deporte, Sarah y Elena ~21.
ponerse	sich etw. anziehen	Y luego las chicas ~22 la ropa.
sentarse (e → ie)	sich (hin)setzen	Javi ~23 al lado de Elena.
la aventura	das Abenteuer	***ing.:*** adventure / Elena cuenta sus ~24.
sin parar	*etwa* ohne Pause	La chica habla ~.
parar	stoppen, halten	
hablar hasta por los codos *fam.*	*etwa* reden wie ein Wasserfall	– Elena, tú ~25.
el codo	der Ellbogen	
tanto que + *inf.*	so viel zu + *Inf.*	¡Tengo ~ estudiar para el examen!
Tengo tanto que contar.	Ich habe so viel zu erzahlen.	
levantarse	aufstehen	Sarah ~26 para escribir algo en la pizarra.
la cola	die Warteschlange, die Reihe	En el comedor siempre hay una ~ muy larga.
empezar (a + *inf.*) (e → ie)	anfangen (etw. zu tun)	≠ terminar (de + *inf.*)
demasiado	zu viel	Esto es ~.
presentar	jdn. / etw. vorstellen	Sarah ~27 a un chico.
llamarse	heißen	El chico ~ 28 Aitor.
la casualidad	der Zufall	
alegrarse (de *a/c*)	sich (über etw.) freuen	Tú ~29 porque hoy es tu cumpleaños.
acordarse (de *alg., a/c*) (o → ue)	sich (an jdn. / etw.) erinnern	¿No ~30 de mí? Soy Aitor.

PARA COMUNICARSE

6

So fragst du nach dem Weg und beschreibst ihn:
Disculpe, ¿usted sabe dónde está el instituto San Vicente?
¿Sabéis dónde está el instituto San Vicente?
Mira, cruza esta avenida.
Sigue la calle (Maestro Latorre) todo recto y después coge la segunda calle a la derecha.
Ve por esta calle, todo recto, hasta la calle (Cuenca) y allí a la izquierda.

So gibst du Verkehrsmittel an:
Quiero ir al instituto en bici.
Aitor no quiere ir en coche con su madre.
Hay que coger el bus.
A pie son cinco minutos.

So fragst du, wie jemand etwas / jemanden findet:
¿Te gusta el horario nuevo?
¿Qué te parece / Qué os parece la chica nueva?

So beschreibst du Personen:
Un chico alto, de pelo castaño, ojos castaños, de unos 14 años.
¡Qué simpático el tío!
Él / Ella es majo/maja.
Él / Ella parece muy simpático/simpática.
Él / Ella se pone rojo/roja como un tomate.
Él / Ella habla hasta por los codos.

So sagst du, in welcher Stunde du welches Fach hast:
Las dos primeras horas tengo Educación Física.
La tercera hora tengo Inglés.
La cuarta y quinta tengo Matemáticas.

1 pies 2 disculpe 3 segundo 4 unos 5 semáforos 6 portero 7 espera 8 Qué te parecen 9 me parece 10 se queja 11 maja 12 alto 13 se ponen 14 se pone roja (como un tomate) 15 está perdido 16 tío 17 reciben 18 tercer 19 cuarto 20 quinto 21 se duchan 22 os ponéis 23 se sienta 24 aventuras 25 hablas hasta por los codos 26 se levanta 27 presenta 28 se llama 29 te alegras 30 te acuerdas

7 UNA EXCURSIÓN

¡ACÉRCATE!

el pueblo	das Dorf, *auch* das Volk	≠ la ciudad / El ~ de los abuelos de Javi está cerca de Alicante.
el tiempo	das Wetter, *auch* die Zeit	
Hace buen / mal tiempo.	Das Wetter ist gut / schlecht.	
Hace sol.	Die Sonne scheint.	
detrás (de)	hinterher, hinten	~ de Javi y Rafa viene Aitor.
¡Qué calor / frío hace!	*etwa* Ist das heiß / kalt!	
Hace calor / frío.	Es ist warm / kalt.	
el calor	die Hitze, die Wärme	
el frío	die Kälte	
llover (o → ue)	regnen	Mi abuelo dice que va a ~.
la nube	die Wolke	¿Ves esas ~[1]?
la tormenta	das Gewitter, der Sturm	Los chicos ven la ~ desde la ventana.
faltar	fehlen, *hier* brauchen *zeitlich*	Javi, ¿~[2] mucho para llegar?
la torre	der Turm	En el pueblo hay una ~.
la iglesia	die Kirche	La torre es de la ~.
pasar (por *a/c*)	durch etw. durchgehen, an etw. vorbeigehen	Por aquí no podemos ~.
pasar	passieren, geschehen	
¿Qué le pasa?	Was ist los mit ihr / ihm?	
si	ob	La chica quiere saber ~ puede comer.

– ¿Quieres comer? – Sí.

– ¿Qué dice? – Ella quiere saber si quiere comer.

la pausa	die Pause	Elena está cansada, por eso quiere hacer una ~.
estar mal	sich schlecht fühlen	– Chicos, ¿no vais hoy al cole?, ¿~[3]?
doler (o → ue)	weh tun, schmerzen	– Sí, nos ~[4] la cabeza.
estar enfermo/-a	krank sein	

tener calor / frío	jdm. warm / kalt sein	

Tengo calor. = Mir ist warm.

Tengo frío. = Mir ist kalt.

el dolor	der Schmerz	
el dolor de cabeza	das Kopfweh, die Kopfschmerzen	Elena se siente mal. Tiene ~.
terrible *adj.*	schrecklich, furchtbar	***ing.:*** terrible / El dolor de cabeza es ~.
la pierna	das Bein	Elena ha hecho mucho deporte, por eso le duelen las ~[5].

seguir (e → i) (con)	fortfahren, weiterlaufen, weitermachen (mit)	Elena no puede ~.
ir a buscar	*hier* jdn. / etw. abholen	El abuelo de Javi ~[6] a las chicas.
el cielo	der Himmel	El ~ es azul.
el horizonte	der Horizont	En la playa puedes ver el ~.
el árbol	der Baum	En la casa de los abuelos hay muchos ~[7].
el bosque	der Wald	Cerca del pueblo hay un ~.
arriba *adv.*	oben, darauf, darüber	
abajo *adv.*	unten, hinunter	≠ arriba / Mario te está esperando ~.

7 D ¿QUÉ HAS HECHO HOY?

todavía no	noch nicht	
esta mañana	heute morgen	~ he desayunado cereales.
el accidente	der Unfall	***ing.:*** accident

El accidente:

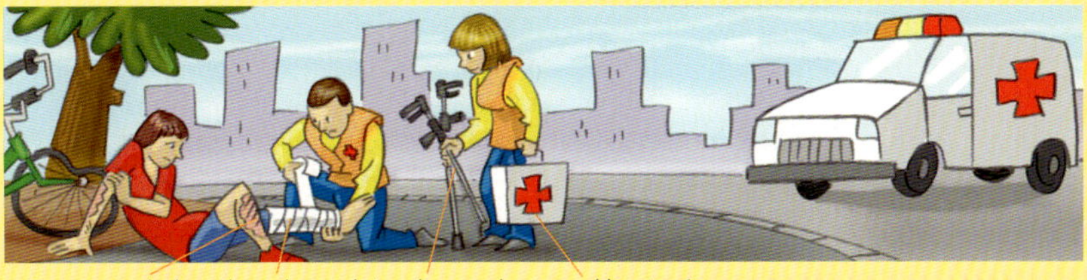

la suerte	das Glück	
tener suerte	Glück haben	

7T ¡HA TENIDO SUERTE!

mientras	während	~ los chicos comen, los padres hablan.
el grupo	die Gruppe	
el / la socorrista	der / die Ersthelfer/in	Los ~[8] ayudan a la chica.

El socorrista ayuda a la señora. La socorrista ayuda a los chicos.

el grupo de socorristas	das Erste-Hilfe-Team	En el insti hay un ~.
los primeros auxilios	die erste Hilfe	En el grupo los chicos aprenden ~.
cuando	(immer) wenn, als	~ los chicos llegan a casa, leen algo.

Vergleiche:

– ¿Cuándo tocas la guitarra? – Toco la guitarra cuando tengo tiempo.

no […] nadie	niemand	En esta casa ~ vive ~.
la llave	der Schlüssel	La vecina tiene la ~ de la casa.
la nevera	der Kühlschrank	En la ~ hay agua fría.
el vendaje	der Verband	Elena vuelve con un ~.
impresionante *adj.*	beeindruckend	El vendaje es ~.
la muleta	die Krücke	Además, ella lleva una ~.
sonreír	lächeln	Elena está ~[9] otra vez.
no […] nada	nichts	Cuando Elena tiene un problema su abuela dice: ~ es ~.
torcer *a/c* **(o → ue)**	etw. umknicken	

Achte darauf, dass **-c-** vor **-a** und **-o** zu **-z-** wird: torcer – Yo me tuer**z**o el pie.

el/la + *sust.* + derecho/-a	(der/die/das) rechte + *Nomen*	Me duele el pie ~[10].
avisar (a *alg.*)	jdn. benachrichtigen, jdm. Bescheid sagen	
dejar *a/c* a *alg.*	jdm. etw. hinterlassen	
el mensaje	die SMS, die Mitteilung, die Nachricht	***ing.:*** message / Esteban escribe un ~ a su madre.
Valencia	*Stadt in Spanien*	
No sé qué hacer.	Ich weiß nicht, was ich tun soll.	
No pasa nada. *fam.*	Das macht nichts. / Alles ist in Ordnung.	– No comprendo este texto. – ~. Podemos leer lo juntos.
pasar la noche	übernachten	
el sitio	der Platz, der Ort	En nuestra casa hay ~ para todos.
dormir (o → ue)	schlafen	Yo ~[11] en mi cama.
montar *a/c*	etw. aufbauen	Mario ~[12] la tienda.
la tienda de campaña	das Zelt	***ing.:*** tent
el jardín (*pl.* jardines)	der Garten	La tienda de campaña está en el ~.
no […] nunca	nie	Los chicos ~ han dormido ~ ahí.
fuera	draußen	Hoy los chicos no duermen en la casa. Ellos duermen ~.
sonar (o → ue)	klingeln, erklingen	El móvil de Elena ~[13].
asustarse	sich erschrecken	Elena ~[14] cuando ve el perro.
¡Vaya + *sust.*! *fam.*	Was für ein/e + *Nomen*!	– ¡~ desayuno ha preparado la abuela!
echar una bronca a alg. *fam.*	jdn. ausschimpfen	Esta mañana mis padres me ~[15].
la bronca	der Ärger, der Streit	
imprudente *adj.*	unvorsichtig	***ing.:*** imprudent / Esteban no ha sido ~.

PARA COMUNICARSE

7

So beschreibst du eine Landschaft:

Arriba hay (una montaña).
A la derecha puedes ver (el bosque).
Cerca del (río) hay un (pueblo).
Al lado de la (iglesia) está la (torre).

So sagst du, dass dir etwas weh tut:

¿Te duele algo?
¿Estás mal? / ¿Estás enfermo / enferma?
Me duele (el pie). / Me duelen (las piernas).
Tengo dolor de (cabeza). / Tengo algo en (el pie).

So erzählst du, was du heute gemacht hast:

¿Qué has hecho (hoy)? – He ido a la heladería con mi amiga.
¿Qué habéis hecho (esta tarde)? – Hemos jugado al fútbol.

1 nubes **2** falta **3** estáis mal **4** duele **5** piernas **6** va a buscar **7** árboles **8** socorristas **9** sonriendo **10** derecho **11** duermo **12** monta **13** suena **14** se asusta **15** han echado una bronca

LISTA ALFABÉTICA

Bei blaugedruckten Verben handelt es sich um Verben, die unregelmäßig sind oder bei denen auf Besonderheiten zu achten ist.
Die farbigen Angaben hinter der Bedeutung zeigen, wo das Wort zum ersten Mal vorkommt:
1Ac heißt Unidad 1, ¡Acércate!; **1D** steht für Unidad 1, Diálogo; **1T** steht für Unidad 1, Text.

A

a nach, zu, an
a veces manchmal
a ver mal sehen
abajo unten, hinunter **7Ac**
el / la **abuelo/-a** der / die Großvater / -mutter
los **abuelos** die Großeltern
aburrido/-a (ser) langweilig
la **academia de danza** die Tanzschule
el **accidente** der Unfall **7D**
acordarse **de alg., a/c (o/ue)** sich (an jdn. / etw.) erinnern **6T**
activo/-a aktiv **2T**
además außerdem
¡Adiós! Auf Wiedersehen!
¿adónde? Wohin? **1T**
el **agua** das Wasser
aguantar a/c etw. ertragen **5T**
ahora jetzt
alegrarse de a/c sich (über etw.) freuen **6T**
alegre *adj.* fröhlich **2T**
el **alemán** Deutsch *Sprache*
Alemania Deutschland
el **alfabeto** das Alphabet
algo etwas
allí dort
alto/-a groß *Menschen*, hoch *Berge / Gebäude*, laut *Geräusche* **6D**
el / la **alumno/-a** der / die Schüler/in
amarillo/-a gelb **7Ac**
el / la **amigo/-a** der / die Freund/in **1/1A**
el **animal** das Tier
el **año** das Jahr
antes vorher, davor **1T**
aprender lernen
apuntar a/c etw. notieren, aufschreiben **1D**
aquí hier
Aquí tiene. Bitte. *beim Bezahlen* **4T**
el **árbol** der Baum **7Ac**
el **argumento** das Argument **4T**
el **armario** der Schrank
arriba oben, darauf, darüber **7Ac**
el **arroz** der Reis **4Ac**
así so
la **asignatura** das Schulfach **6Ac**
la **asociación protectora de animales** der Tierschutzverein
asustarse sich erschrecken **7T**
atento/-a aufmerksam **2D**
el **aula** *f.* das Klassenzimmer **6Ac**
la **avenida** die Allee
la **aventura** das Abenteuer **6T**
avisar (a alg.) jdn. benachrichtigen, jdm. Bescheid sagen **7T**
ayudar en a/c (bei etw.) helfen **5D**
el **azúcar** *f.* der Zucker **4T**
azul *adj.* blau **7Ac**

B

el **baile** der Tanz
el **balonmano** der Handball **5Ac**; **jugar al ~** Handball spielen **5Ac**
el **baño** das Badezimmer
barato/-a billig **4T**
el **barrio** das Stadtviertel
bastante *adv.* ziemlich **4T**
beber trinken
la **biblioteca** die Bibliothek **5T**
la **bici** *fam.* = **bicicleta** das Fahrrad
la **bicicleta** das Fahrrad
bien *adv.* gut
blanco/-a weiss **7Ac**
el **bocadillo** das belegte Brötchen; el **~ de queso** das Käsebrötchen
el **boli** der Kuli
bonito/-a schön, hübsch
el **bosque** der Wald **7Ac**
la **botella (de)** die Flasche **4D**
la **bronca** der Ärger, der Streit **7T**
bucear tauchen **5Ac**
bueno O.K., gut
bueno/-a gut **2D**
el **bus** *fam.* = **el autobús** der Bus **6Ac**
buscar **a/c** etw. suchen
ir **a buscar** *hier:* jdn./etw. abholen **7Ac**

C

el **caballo** das Pferd
la **cabaña** die Hütte **5Ac**
la **cabeza** der Kopf **5T**
la **cafetería** die Cafeteria **6D**
la **calle** die Straße
el **calor** die Hitze, die Wärme **7Ac**
la **cama** das Bett
el **camino** der Weg **6Ac**
la **camisa** das Hemd **7Ac**
la **camiseta** das T-Shirt **7Ac**
el **campamento** das Ferienlager **5Ac**
el / la **campeón/-ona** (*pl.* **campeones/-as**) der / die Sieger/in **5T**
cansado/-a (de) (estar) müde sein (von) **2D**
cantar singen
el **caramelo** das Bonbon
el **cariño** die Zärtlichkeit, Zuneigung, Liebe
cariñoso/-a liebevoll, zärtlich, zutraulich
la **carne** das Fleisch **4T**
caro/-a teuer **4T**
la **carpeta** die Mappe
el **cartel** das Poster
la **casa** das Haus
en casa zu Hause
llegar a casa nach Hause kommen
casi fast
castaño/-a braun *Haar- und Augenfarbe* **3T**
el **castillo** die Burg, das Schloss

la **casualidad** der Zufall 6T
el **cedé** die CD
la **cena** das Abendessen 5T
cenar zu Abend essen 2T
el **centro** das Zentrum, die Mitte
cerca in der Nähe, nah; ~ **de** in der Nähe von
los **cereales** das Müsli 4Ac
cerrar a/c (e/ie) etw. schließen 5Ac
el **chándal** der Trainingsanzug 7Ac
la **chaqueta** die Jacke
charlar plaudern, schwatzen
el/la **chico** der Junge, das Mädchen
el **chiste** der Witz 2T
el **chocolate** die Schokolade 4T
el **cibercafé** das Internetcafé
el **cielo** der Himmel 7Ac
cien hundert 4T
Ciencias de la Naturaleza Naturwissenschaften *Schulfach* 6Ac
el **cine** das Kino
la **ciudad** die Stadt
la **clase** das Klassenzimmer, der Unterricht, die Unterrichtsstunde, die Klasse; **en la ~** im Klassenzimmer, im Unterricht
el **coche** das Auto 6Ac
ir en coche mit dem Auto/Fahrrad fahren 6Ac
la **cocina** die Küche
cocinar kochen 5D
el **codo** der Ellbogen 6T
coger a/c *hier:* abbiegen, *auch:* etw. nehmen 6Ac
la **cola** die Warteschlange, die Reihe 6T
el **cole** *fam.* = el **colegio** die Schule
el **colegio** die Schule
el **color** die Farbe
el **comedor** *hier:* der Speisesaal 5T
comer essen; **¡A ~!** Komm(t) essen!
el **cómic** der Comic
la **comida** das Essen 6Ac
como wie
¿cómo? wie?

el/la **compañero/-a** der/die Mitschüler/in, Klassenkamerad/in, der/die Mitbewohner/in, der/die Lebensgefährte/-in
comprar a/c etw. kaufen
la **lista de las compras** die Einkaufsliste 4T
comprender verstehen
con mit
el **conejo** das Kaninchen; el ~ **de Indias** das Meerschweinchen
conmigo mit mir 1T
contar a/c (o/ue) etw. erzählen 2T
contento/-a (estar) zufrieden 2D
contestar (be)antworten, erwidern 1T
contigo mit dir 1T
corto/-a (ser) kurz 7Ac
la **cosa** die Sache
creer glauben; **creo que […]**. Ich glaube, dass […]. 2D
el **cruasán** das Croissant 4Ac
cruzar a/c etw. überqueren 6Ac
el **cuaderno** das Heft
cuando (immer) wenn, als 7T
¿cuándo? Wann? 1D
¿cuánto/-a? Wie viel/e? 6Ac
el **cuarto de kilo (de)** das viertel Kilo (von) 4T
el/la **cuarto/-a** + *sust.* der/die/das vierte + *Nomen* 6T
cuidar a alg. aufpassen (auf), sorgen (für)
el **cumpleaños** der Geburtstag
cumplir […] años […] Jahre alt werden
el **curso** der Kurs 2T

D

¡Date prisa! Beeile dich! 3D
de von, aus, über
¿de dónde? Woher?
(las tres) + **de la noche** *(3 Uhr)* + abends, nachts 5Ac
(las tres) + **de la tarde** *(3 Uhr)* + nachmittags 5Ac
¿de qué? Über was?, Worüber?
de repente plötzlich 3T
de verdad ehrlich, wirklich 1T

debajo de unter
los **deberes** die Hausaufgaben
decir a/c (e/i) etw. sagen 3T
dejar a alg. a/c jdm. etw. hinterlassen 7T; ~ **a/c** etw. lassen
delante (de) vor, davor 1T
demasiado *adv.* zu viel 6T
el **deporte** der Sport
deportista *adj.* sportlich 2D
deprisa *adv.* schnell 6T
a la **derecha (de)** rechts (von) 6Ac
el/la *sust.* + **derecho/-a** (der/die/das) rechte + *Nomen* 7T
desayunar frühstücken 2T
el **desayuno** das Frühstück 4Ac
descubrir a/c etw. entdecken
desde von … aus *örtlich* 4T
desde […] hasta […] von/seit […] bis […] Uhrzeit 6Ac
después danach, später
después de + *sust.* nach + *Nomen*
detrás (de) hinterher, hinten 7Ac
el **día** der Tag
diferente *adj.* verschieden, anders 5Ac
difícil schwer, schwierig
el **dinero** das Geld 4T
disculpar entschuldigen, verzeihen 6Ac
divertido/-a (ser) lustig
doler (o/ue) weh tun, schmerzen 7Ac
el **dolor** der Schmerz 7Ac; el ~ **de cabeza** das Kopfweh, die Kopfschmerzen 7Ac
el **domingo** der Sonntag 6Ac
¿dónde? Wo?
dormir (o/ue) schlafen 7T
ducharse sich duschen 6T
dulce süß 4Ac
durante + *sust.* während + *Nomen* 6Ac
el **DVD** die DVD

E

e und *(vor i + hi)* 6Ac
echar una bronca a alg. *fam.* jdn. ausschimpfen 7T

Educación Plástica y Visual Kunst *Schulfach* **6Ac**
Educación Física Sport *Schulfach* **6Ac**
por ejemplo zum Beispiel **4Ac**
elegante *adj.* elegant **7Ac**
el **e-mail** die E-Mail
el **embutido** die Wurst **4Ac**
empezar (e/ie) anfangen, beginnen **1T**
en in, auf, an
en casa zu Hause
encantar gefallen (sehr) **5Ac**
encima de über
encontrar a/c (o/ue) etw. finden
enfermo/-a (estar) krank **7Ac**
enfrente de gegenüber von
la **ensaladilla rusa** Kartoffelsalat mit Thunfisch und Erbsen
enseguida sofort **3T**
entonces dann, also
la **entrada** die Eintrittskarte
entrar hereinkommen
entre zwischen
es que nämlich, eigentlich **1T**
Es verdad. Stimmt.
esa + *sust.* diese + *Nomen* (da) **3D**
esas + *sust.* diese + *Nomen* (da) **3T**
escribir a/c etw. schreiben
el **escritorio** der Schreibtisch
escuchar etw. hören, zuhören
ese + *sust.* dieser + *Nomen* (da) **3T**
eso das **4D**
esos + *sust.* diese + *Nomen* (da) **3D**
España Spanien
el **español** Spanisch *Sprache*
esperar a alg., a/c auf jdn./etw. warten, jdn./etw. erwarten **6Ac**
la **esquina** die Ecke
esta, estas + *sust.* diese + *Nomen* (hier) **3T**
ésta, éste es das ist (*f., m./Sg.*)
está bien O.K., in Ordnung **1T**
el **estadio** das Stadion
estallar de risa *fam.* sich kaputtlachen **4T**
la **estantería** das Regal
estar sein, da sein, sich befinden; **~ de acuerdo** einverstanden sein **4T**; **~ de moda** modern sein **3D**; **~ de vacaciones** in den Ferien sein, im Urlaub sein **5T**; **~ hasta las narices** *fam.* die Nase voll haben **5D**
éstas, éstos son das sind (*f., m./Pl.*)
este, estos + *sust.* diese/r + *Nomen (hier)* **3T**
esto das (hier)
el **estuche** das Mäppchen
estudiar lernen
estupendo/-a wunderbar, toll
Ética Ethik *Schulfach* **6Ac**
el **euro** der Euro
el **examen** die Prüfung
la **excursión** (*pl.* **excursiones**) der Ausflug **5Ac**
hacer una excursión einen Ausflug machen **5Ac**
explicar a alg. a/c jdm. etw. erklären **6T**

F

fácil leicht
la **falda** der Rock **7Ac**
faltar fehlen *hier:* brauchen *zeitlich* **7Ac**
la **familia** die Familie
fantástico/-a (ser) fantastisch **5T**
fatal *adv.* schrecklich
favorito/-a + *sust.* Lieblings- + *Nomen*
feliz (*pl. felices*) glücklich; **¡Feliz cumpleaños!** Herzlichen Glückwunsch zum Geburtstag!
feo/-a hässlich **7Ac**
la **fiesta** die Party, das Fest; la **~ de cumpleaños** die Geburtstagsparty
el **fin de semana** das Wochenende **4Ac**
al final am Ende
la **foto** das Foto
fregar a/c (e/ie) etw. abwaschen *Geschirr* **5D**
fresco/-a frisch **4T**
el **frijol** die Bohne **4Ac**
el **frío** die Kälte **7Ac**
la **fruta** die Frucht, das Obst **4Ac**
el **fuego** das Feuer **3T**
los **fuegos artificiales** *pl.* das Feuerwerk **3T**
fuera draußen **7T**
el **fútbol** der Fußball *Sportart*

G

las **gafas** die Brille **3D**; las **~ de sol** die Sonnenbrille **3D**
la **galleta** der Keks **4Ac**
ganar a/c etw. gewinnen *Spiel*, verdienen *Geld* **5Ac**
el **gato** die Katze
genial *adj.* genial
Geografía e Historia Geographie und Geschichte *Schulfach* **6Ac**
el **globo** der (Luft-)ballon
la **goma** der Radiergummi
la **gorra** die Mütze **7Ac**
¡Gracias! Danke!
gracioso/-a witzig
el **gramo** das Gramm **4T**
grande *adj.* groß
la **grasa** das Fett **4T**
el **grupo** die Gruppe **7T**; el **~ de socorristas** das Erste-Hilfe-Team **7T**
guapo/-a hübsch **3T**
guay toll
la **guitarra** die Gitarre
gustar gefallen **3D**

H

la **habitación** (*pl.* **habitaciones**) das Zimmer
hablar sprechen, reden; **~ hasta por los codos** *fam. etwa:* reden wie ein Wasserfall **6T**
Hace buen / mal tiempo. Das Wetter ist gut / schlecht. **7Ac**
Hace calor. Es ist warm / kalt. **7Ac**
Hace mucho calor. Es ist sehr heiß. *Wetter* **4T**
Hace sol. Die Sonne scheint. **7Ac**
hacer a/c etw. machen **1D**; **~ la cama** das Bett machen **5D**; **~ un trato** ein Abkommen schließen **1T**; **~ una excursión** einen Ausflug machen **5Ac**

el **hambre** der Hunger
la **hamburguesa** der Hamburger 4T
el **hámster** der Hamster
harto/-a de a/c (estar) (etw.) satt haben **2D**
hasta bis; ~ **el sábado** bis Samstag; **¡Hasta luego!** Bis dann! Bis nachher!; **¡Hasta mañana!** Bis morgen!; **¿~ qué hora?** Bis wann/wie viel Uhr? 6Ac
hasta […] + *hora* bis […] + *Uhrzeit* 6Ac
hay es gibt; **Hay de todo.** Es gibt alles.
hay que + *inf.* man muss + *Inf.* 6Ac
la **heladería** die Eisdiele
el **helado** das Eis
el/la **hermano** der Bruder, die Schwester
los **hermanos** die Geschwister
el/la **hijo** der Sohn, die Tochter
los **hijos** die Kinder *(Söhne und Töchter)*
la **historia** die Geschichte
la **hora** die Stunde 5Ac; la ~ **de comer** die Mittagszeit 2T; la ~ **de comer** die Essenszeit; **¿A qué ~ …?** Um wieviel Uhr? 5Ac
¿hasta qué hora? Bis wann/wie viel Uhr? 6Ac
el **horario (de clase)** der Stundenplan 6Ac
el **horizonte** der Horizont 7Ac
el **hospital** das Krankenhaus
el **hotel** das Hotel
hoy heute
el **huevo** das Ei 4Ac

I

la **idea** die Idee
no tener **ni idea** überhaupt keine Ahnung haben
el **idioma** die Sprache 2T
la **iglesia** die Kirche 7Ac
impresionante *adj.* beeindruckend 7T
imprudente (ser) *adj.* unvorsichtig 7T
Inglés Englisch *Schulfach* 6Ac
inquieto/-a lebhaft, unruhig
inteligente *adj.* intelligent, klug
interesante *adj.* interessant
el **internet** das Internet
la **invitación** (*pl.* **invitaciones**) die Einladung
ir a gehen (zu, nach) 1D; ~ **a buscar** *hier:* jdn./etw. abholen 7Ac; ~ **a pie** zu Fuß gehen 6Ac; ~ **bien con** gut passen zu 3T; ~ **en coche** mit dem Auto/Fahrrad fahren 6Ac
ir a + *inf.* etw. tun werden 4D
irse weggehen 6T
a la **izquierda (de)** links 6Ac

J

el **jamón** (*pl.* **jamones**) der Schinken
el **jardín** (*pl.* **jardines**) der Garten 7T
el **jersey** der Pullover 7Ac
el **juego** das Spiel 5T
el **jueves** der Donnerstag 6Ac
jugar **(a) a/c (u/ue)** etw. spielen 5Ac
jugar al balonmano Handball spielen 5Ac
juntos/-as zusammen

K

el **kilo** das Kilo
el **kiosco** der Kiosk

L

al lado de neben
la **lámpara** die Lampe
el **lápiz** (*pl.* **lápices**) der Stift/Bleistift; el ~ **de color** der Buntstift
largo/-a (ser) lang 7Ac
la **lata (de)** die Dose 4T
la **lavadora** die Waschmaschine 3T
la **leche** die Milch 4Ac
la **lechuga** der Kopfsalat 4T
leer **a/c** etw. lesen
lejos *adv.* weit 6Ac
Lengua y Literatura Sprache und Literatur (= Spanisch) *Schulfach* 6Ac
les ihnen *indirektes Objektpronomen* 5Ac
levantarse aufstehen 6T
el **libro** das Buch; el ~ **de español** das (Spanisch-)Buch; el ~ **de Ciencias** das Naturkundebuch *Schule* 4T; el ~ **de historia** das Geschichtsbuch
limpiar a/c etw. sauber machen, putzen 5D
limpio/-a sauber sein 5T
la **lista de la compra** die Einkaufsliste 4D
listo/-a (estar) fertig sein 3D
el **litro (de)** der Liter 4D
llamar anrufen, rufen 1T
llamar por teléfono anrufen 5T
llamarse heißen 6T
la **llave** der Schlüssel 7T
llegar (a) kommen, ankommen; ~ **a casa** nach Hause kommen; ~ **tarde** zu spät kommen 5Ac
llevar a/c etw. tragen *Kleidung* 7Ac
llover **(o/ue)** regnen 7Ac
¡Lo siento! Es/Das tut mir leid! 1D
Londres London 5Ac
el **loro** der Papagei
luego dann, nachher, danach
el **lunes** der Montag 6Ac; **los ~** montags 6Ac

M

la **macedonia** der Obstsalat 4T
la **madre** die Mutter
majo/-a *fam.* nett, sympathisch 6D
mal *adv.* schlecht 5T; ~ (estar) jdm. schlecht gehen 7Ac
malo/-a schlecht 2T
la **mamá** die Mama
mañana morgen; der Morgen 5Ac
¡Hasta mañana! Bis morgen!
hora + **de la mañana** (7 Uhr) + morgens 5Ac; **esta ~** heute morgen 7D
la **manga** der Ärmel 7Ac; **de ~ corta** kurzärmelig 7Ac; **de ~ larga** langärmelig 7Ac

la **mano** die Hand **3T**
la **mantequilla** die Butter **4Ac**
la **manzana** der Apfel **4Ac**
el **martes** der Dienstag **6Ac**
más mehr
la **mascota** das Haustier
Matemáticas Mathematik *Schulfach* **6Ac**
Mates *fam.* = **Matemáticas** Mathe *Schulfach* **2T**
Me cae bien / mal. Ich finde ihn / sie nett / nicht nett. **5T**
la **médica** die Ärztin
el **médico** der Arzt
medio kilo (de) halbes Kilo **4D**
el **melocotón** der Pfirsich **4Ac**
el **melón** (*pl.* **melones**) die Melone **4T**
menos weniger
el **mensaje** die SMS, Nachricht **7T**
el **mercado** der Markt **4T**
la **mermelada** die Marmelade **4Ac**
la **mesa** der Tisch
el **miedo** die Angst
mientras während **7T**
el **miércoles** Mittwoch **6Ac**
el **minuto** die Minute **5Ac**
mirar schauen
la **mochila** der Rucksack
el **momento** der Moment **1D**
el / la **monitor/a** *hier:* der / die Betreuer/in **5T**
mono/-a *fam.* niedlich, schön **3T**
la **montaña** der Berg **2T**
montar a/c etw. aufbauen **7T**
montar a caballo reiten **5Ac**
el **móvil** das Handy
mucho viel; ~ **más** viel mehr
mucho/-a viel/e **4D**
la **muleta** die Krücke **7T**
el **museo** das Museum **1T**
la **música** die Musik
muy sehr

N

nada más *hier:* sonst nichts, *auch:* nichts mehr **5T**
nadar schwimmen **1T**
la **naranja** die Orange
la **nariz** (*pl.* **narices**) die Nase **5T**
necesitar a/c etw. brauchen
negro/-a schwarz **7Ac**
nervioso/-a nervös **2D**
la **nevera** der Kühlschrank **7T**
el / la **niño/-a** das Kind
no nein, nicht; **¿No?** Nicht wahr?
no [...] nada nichts **7T**
no [...] nadie niemand **7T**
no [...] nunca nie **7T**
no tener **ni idea** überhaupt keine Ahnung haben
la **noche** die Nacht / der (späte) Abend **5Ac**
el **nombre** der Name **2T**
la **nota** die Note **2T**
la **nube** die Wolke **7Ac**
nuevo/-a neu
el **número** die Zahl die Telefonnummer **1D**

O

o oder
odiar a alg., a/c jdn. / etw. hassen **2T**
el **ojo** das Auge **3T**
la **Optativa** das Wahlfach *Schulfach* **6Ac**
el **ordenador** der Computer
ordenar aufräumen **3T**
organizar **a/c (z/c)** etw. organisieren **4D**
original (ser) *adj.* originell **3T**
otra vez noch einmal schon wieder
el / la **otro/-a** + *sust.* der / die / das andere + *Nomen* **5T**

P

el **padre** der Vater
los **padres** die Eltern
la **página web** die Webseite
la **palabra** das Wort **2T**
el **pan** das Brot **4Ac**
la **panadería** die Bäckerei
los **pantalones** die Hose **7Ac**
el **papá** der Papa
el **paquete (de)** das Paket **4D**
para + *inf.* um zu + *Inf.*; für; ~ **colmo** noch dazu **5T**; ~ **el lunes** für Montag **6Ac**; ~ **mí** für mich; ~ **ti** für dich
parar stoppen, halten **6T**
la **pared** die Wand
parlanchín/-ina geschwätzig **2T**
el **parque** der Park **5T**; el ~ **de atracciones** der Vergnügungspark **5T**
participar (en) (an etw.) teilnehmen **5Ac**
el **partido** das Spiel *Sport* **1T**; el ~ **de fútbol** das Fußballspiel **1T**
pasar por a/c durch etw. durchgehen, an etw. vorbeigehen **7Ac**
pasar verbringen *Zeit* **4T**
pasar passieren, geschehen **7Ac**
pasar la noche übernachten **7T**
pasear spazieren gehen
el **pasillo** das Treppenhaus, der Flur **6T**
el **pastel** der Kuchen, *auch:* die Torte; el ~ **de cumpleaños** der Geburtstagskuchen
la **patata** die Kartoffel
las **patatas fritas** die Pommes frites **4T**
la **pausa** die Pause **7Ac**
la **película** der Film
peligroso/-a gefährlich
el **pelo** das Haar **3T**
la **pelota** der Ball
pensar **en alg., a/c (i/ie)** denken (an)
pequeño/-a klein
la **pera** die Birne **4Ac**
(estar) **perdido/-a** *etwa:* sich verlaufen / verfahren **6T**
perdonar entschuldigen
perfecto/-a perfekt **4Ac**
el **periquito** der Wellensittich
pero aber
perplejo/-a ratlos **4T**
el **perro** der Hund
pesado/-a lästig **5T**
el **pescado** das Fischgericht *Essen* **5Ac**
el **pez** (*pl.* **los peces**) der Fisch
el **pie** der Fuß **6Ac**
ir a pie zu Fuß gehen **6Ac**
la **pierna** das Bein **7Ac**
la **piña** die Ananas **4T**

la **piscina** das Schwimmbad **5Ac**
el **piso** die Wohnung
la **pizarra** die Tafel
el **plato** der Teller das Gericht **4Ac**
los **platos** das Geschirr **5D**
la **playa** der Strand
la **plaza** der Platz
la **pluma** der Füller
poco a poco nach und nach
poco/-a wenig/e **4T**
poder (o/ue) können
el **polideportivo** das Sportzentrum **1T**
el **pollito** das Küken
poner la mesa den Tisch decken **5D**
ponerse rojo/-a (como un tomate) *fam.* rot (wie eine Tomate) werden **6D**
ponerse así *fam. etwa:* komisch werden **6D**
ponerse a/c sich etw. anziehen **6T**
por durch; per *Medium / Hilfsmittel* **5T**
por ahí dort **3T**
por aquí in der Nähe
por ejemplo zum Beispiel **4Ac**
por eso deswegen **2T**
por fa *fam.* = **por favor** bitte **1T**
por fin endlich
por internet im Internet
por la mañana morgens **6Ac**
por la noche nachts, spät abends **2T**
por la tarde nachmittags **1D**
por poco beinahe, fast **6Ac**
¿por qué? Warum?
por supuesto natürlich
porque weil
el / la **portero/-a** der Hausmeister **6Ac**
practicar deporte/s Sport machen / treiben **5Ac**
preferir a/c (e/ie) etw. lieber wollen, bevorzugen
preguntar fragen **3T**
preparar a/c etw. vorbereiten
presentar a alg., a/c jdn. / etw. vorstellen **6T**
el / la **primer/a** + *sust.* der / die / das erste + *Nomen* **6Ac**
primero *adv.* zuerst **1T**
los **primeros auxilios** *pl.* die erste Hilfe **7T**
el / la **primo/-a** der / die Cousin/e
el **problema** das Problem
el / la **profe** *fam.* der / die Lehrer/in **4T**
el / la **profesor/a** der / die Lehrer/in
próximo/-a nächste/r/s **4Ac**
el **pueblo** das Dorf, *auch:* das Volk **7Ac**
la **puerta** die Tür
pues also
pues no natürlich nicht **3T**
pues sí doch, natürlich, ja
el **punto** der Punkt **5T**

Q

que der, die, das *Relativpronomen* **4T**; *conj.* dass *Konj.*
¡qué + *adj.*! Wie + *Adj.*!
¿qué? was (für)?
quedar sich verabreden **1T**
quejarse (de alg.) sich (über jdn. / etw.) beklagen **6D**
querer (e/ie) wollen, mögen
el **queso** der Käse
¿quién? *(pl. ¿Quiénes?)* Wer?
el / la **quinto/-a** + *sust.* der / die / das fünfte + *Nomen* **6T**

R

el **rato** die Weile **5T**
el **ratón** (*pl.* **ratones)** die Maus *Tier*
recibir a/c etw. bekommen, erhalten **6T**
el **recreo** die Pause *Schule*
el **regalo** das Geschenk; el ~ **de cumpleaños** das Geburtstagsgeschenk
regular *adj.* mittelmäßig
Religión Religion *Schulfach* **6Ac**
el **reloj** die Uhr **5Ac**
el **restaurante** das Restaurant
la **revista** die Zeitschrift
el **rincón** (*pl.* **rincones)** die Ecke; el ~ **favorito** die Lieblingsecke; el ~ **de los deportes** *fam.* die Sportecke
el **río** der Fluss **2T**
rojo/-a rot **7Ac**
la **ropa** die Kleidung **3D**
el **ruido** der Lärm **5Ac**

S

el **sábado** der Samstag, *auch:* am Samstag
hasta el sábado bis Samstag
saber a/c etw. wissen, *auch:* können
salir (hin)ausgehen; ~ **a pasear** spazieren gehen
el **salón** das Wohnzimmer
saludar a alg. jdn. begrüßen
el **sándwich** das Sandwich; el ~ **de jamón** das Schinkensandwich; el ~ **de queso** das Käsesandwich
sano/-a gesund **4Ac**
la **sed** der Durst
seguir a alg., a/c (e/i) jdm. / etw. folgen **6Ac**; ~ **con a/c (e/i)** fortfahren, weiterlaufen, weitermachen (mit) **7Ac**
el / la **segundo/-a** + *sust.* der / die / das zweite + *Nomen* **6Ac**
seguro que sicherlich
el **semáforo** die Ampel **6Ac**
la **semana** die Woche **6Ac**
el **señor** der Herr **6Ac**
la **señora** die Dame, die Frau **6Ac**
sentarse (e/ie) sich (hin) setzen **6T**
ser sein
ser el fuerte de alg. die Stärke von jdm. sein **2T**; ~ **muy amigos** gut zusammen passen
ser de sein / kommen aus
si ob **7Ac**
sí ja; doch, schon
siempre immer
la **silla** der Stuhl
el **sillón** der Sessel
simpático/-a (ser) sympathisch **2D**
sin ohne **3T**
sin parar *etwa:* ohne Pause **6T**
el **sitio** der Platz, der Ort **7T**
sobre über
sobre todo vor allem **4T**
el / la **socorrista** der / die Ersthelfer/in **7T**
el **sol** die Sonne **3D**
sólo nur

solo/-a allein
el **sombrero** der Hut 3T
sonar (o/ue) klingeln, erklingen 7T
sonreír (e/i) lächeln 7T
la **sorpresa** die Überraschung 6T
el **suelo** der Boden
la **suerte** das Glück 7D

T

también auch
tampoco auch nicht
tan so 4T
tanto que + *verbo* so viel zu + *Inf.* 6T
tarde *adv.* spät, zu spät; der Nachmittag 5Ac
llegar tarde zu spät kommen 5Ac
Tecnología Technologie *Schulfach* 6Ac
la **tele** *fam.* der Fernseher 5Ac
el **teléfono** das Telefon 1T
temprano *adv.* früh 5Ac
tener (e/ie) haben; ~ **[…] años** […] Jahre alt sein; ~ **calor** jdm. warm / kalt sein 7Ac; ~ **chispa** pfiffig sein 2T; ~ **cuidado (con)** aufpassen; ~ **frío (e/ie)** frieren 7Ac; ~ **ganas (de)** Lust haben (auf); ~ **hambre** Hunger haben; ~ **miedo (de)** Angst haben vor; ~ **prisa** es eilig haben 3T; ~ **sed** Durst haben; ~ **suerte** Glück haben 7D; ~ **una idea** eine Idee haben
tener que müssen
tener razón Recht haben
el / la **tercero/-a** + *sust.* der / die / das dritte + *Nomen* 6T
terrible (ser) *adj.* schrecklich, furchtbar 7Ac
el **texto** der Text 4T
la **tía** die Tante
el **tiempo** das Wetter *auch* die Zeit 7Ac
la **tienda** das Geschäft *Laden*
la **tienda de campaña** das Zelt 7T
el **tío** *fam.* der Onkel *hier:* der Typ *umg.* 6T
típico/-a (ser) typisch 4Ac
la **tiza** die Kreide
tocar spielen *Instrument*;
~ **la guitarra** Gitarre spielen
toda la + *sust.* die ganze + *Nomen* 5T
todas las + *sust.* jede + *Nomen*, alle + *Nomen* 5T
todavía noch (immer)
todavía no noch nicht 7D
todo alles
todo el + *sust.* der ganze + *Nomen* 5T
todo recto (immer) geradeaus 6Ac
todos/-as alle 5Ac
todos los días jeden Tag 5T
tomar nehmen, essen / trinken
tomar el pelo a alg. *fam.* jdn. auf den Arm nehmen 5T
tomar un helado ein Eis essen
el **tomate** die Tomate 4T
la **tontería** die Dummheit, der Blödsinn, der Quatsch 5T
tonto/-a dumm
torcer a/c (o/ue) etw. umknicken 7T
la **tormenta** das Gewitter, der Sturm 7Ac
el **torneo** das Turnier 5Ac
la **torre** der Turm 7Ac
la **tortilla (de patata)** das Kartoffelomelett
la **tortuga** die Schildkröte
la **tostada** der Toast 4Ac
trabajar arbeiten
tranquilo/-a ruhig
el **trato** das Abkommen 1T
hacer un trato ein Abkommen schließen 1T
travieso/-a keck, forsch, unartig 2T
tremendo/-a schrecklich 5Ac
la **tutoría** die Nachhilfe *Schulfach* 6Ac

U

un montón de eine Menge
un poco ein bisschen, ein wenig
un poco de ein bisschen (von) 4T
unos/-as *art. def.* einige, ein paar 6Ac
usted Sie *höfliche Anrede* 6Ac
la **uva** die Weintraube 4T

V

las **vacaciones** die Ferien, der Urlaub 5T
vale O.K., gut
los **vaqueros** die Jeans 7Ac
el **vaso** das Glas; el ~ **de agua** das Glas Wasser
¡Vaya + *sust.*! *fam.* Was für ein/e + *Nomen*! 7T
el / la **vecino/-a** der / die Nachbar/in 5T
el **vendaje** der Verband 7T
venir (e/ie) kommen 5T
la **ventana** das Fenster
ver la tele fernsehen 5Ac
ver a/c etw. sehen
el **verano** der Sommer 5Ac
la **verdad** die Wahrheit
de verdad ehrlich, wirklich 1T
Es verdad. Stimmt.
verde *adj.* grün 7Ac
la **verdura** das Gemüse 4T
el **vestido** das Kleid 7Ac
la **vez** (*pl.* **veces**) das Mal 6D;
a la ~ auf einmal, gleichzeitig 4T
la **vida** das Leben 5T
viejo/-a alt 3D
el **viernes** Freitag 6Ac
visitar a alg. jdn. besuchen
la **vitamina** das Vitamin 4D
vivir leben, wohnen
el **voleibol** der Volleyball *Sportart* 2T
volver a (o/ue) zurückkommen (nach)
volver a casa nach Hause kommen
la **vuelta** die Rückkehr 6Ac

Y

y und
ya schon

Z

las **zapatillas (de deporte)** die Turnschuhe 7Ac
el **zapato** der Schuh 7Ac
el **zumo** der Saft; el ~ **de naranja** der Orangensaft

DEUTSCH-SPANISCHES WÖRTERBUCH

Bei blaugedruckten Verben handelt es sich um Verben, die unregelmäßig sind oder bei denen auf orthografische Besonderheiten zu achten ist.

A

abbiegen coger a/c 6Ac
Abend la noche 5Ac; **zu ~ essen** cenar 2T
Abendessen la cena 5T
abends por la noche 2T; *Uhrzeitangabe* + ~ *hora* + de la noche 5Ac
Abenteuer la aventura 6T
aber pero
abholen (jdn./etw.) ir a buscar 7Ac
Abkommen el trato 1T; **ein ~ schließen** hacer un trato 1T
abwaschen (etw.) fregar a/c (e/ie) 5D
Ahnung (überhaupt keine ~ haben) no tener ni idea
aktiv activo/-a 2T
Aktivität la actividad
alle todos/-as 5Ac
Allee la avenida
allein solo/-a
alles todo; **Es gibt ~.** Hay de todo.
allgemein bildende Schule el instituto 6Ac
Alphabet el alfabeto
als cuando 7T
also entonces; pues
[…] Jahre alt werden cumplir […] años
alt viejo/-a 3D
Ampel el semáforo 6Ac
Ananas la piña 4T
andere + *Nomen* el/la otro/-a + *sust.* 5T
anders diferente *adj.* 5Ac
anfangen empezar (e/ie) 1T; **~ zu** + *Inf.* empezar a + *inf.* (e/ie) 6T
Angst el miedo; **~ haben vor** tener miedo (de)
ankommen llegar (a)
anrufen llamar 1T; llamar por teléfono 5T
antworten contestar 1T
anziehen (sich etw.) ponerse a/c 6T
Apfel la manzana 4Ac
arbeiten trabajar
Ärger la bronca 7T
Argument el argumento 4T
jdn. auf den Arm nehmen tomar el pelo a alg. *fam.* 5T
Ärmel la manga 7Ac
Arzt el médico
Ärztin la médica
auch también; **~ nicht** tampoco
auf en
auf einmal a la vez 4T
Auf Wiedersehen! ¡Adiós!
aufbauen (etw.) montar a/c 7T
aufmerksam atento/-a 2D
aufpassen tener cuidado (con); **auf jdn. ~** cuidar a alg.
aufräumen ordenar 3T
aufschreiben (etw.) apuntar a/c 1D
aufstehen levantarse 6T
Auge el ojo 3T
aus de
Ausflug la excursión (*pl.* excursiones) 5Ac; **einen ~ machen** hacer una excursión 5Ac
ausgehen salir
ausschimpfen (jdn.) echar una bronca a alg. *fam.* 7T
außerdem además
Auto el coche 6Ac; **mit dem ~ fahren** ir en coche 6Ac

B

Bäckerei la panadería
Badezimmer el baño
Ball la pelota
Ballon el globo
Baum el árbol 7Ac
Beeile dich! ¡Date prisa! 3D
beeindruckend impresionante *adj.* 7T
befinden (sich) estar
beginnen empezar (e/ie) 1T
begrüßen (jdn.) saludar a alg.
Bein la pierna 7Ac
beinahe por poco 6Ac
Beispiel (zum ~) por ejemplo 4Ac
beklagen (sich über jdn.) quejarse (de alg.) 6D
bekommen (etw.) recibir a/c 6T
benachrichtigen (jdn.) avisar (a alg.) 7T
Berg la montaña 2T
Berlin Berlín
Beschäftigung la actividad
Bescheid sagen (jdm.) avisar (a alg.) 7T
besuchen (jdn.) visitar a alg.
Betreuer/in el/la monitor/a 5T
Bett la cama; **das ~ machen** hacer la cama 5D
bevorzugen (etw.) preferir a/c (e/ie)
Bibliothek la biblioteca 5T
billig barato/-a 4T
Birne la pera 4Ac
bis hasta; **~ Samstag** hasta el sábado; **~ um […]** + *Uhrzeit* hasta la/las […] + *hora* 6Ac
Bis dann! Bis nachher! ¡Hasta luego!
Bis morgen! ¡Hasta mañana!
Bis wann/wie viel Uhr? ¿hasta qué hora? 6Ac
bisschen (ein ~ von) un poco de 4T; **ein ~** un poco
bitte por fa *fam.* = por favor 1T
Bitte. Aquí tiene. 4T
blau azul *adj.* 7Ac
Bleistift el lápiz (*pl.* lápices)
Blödsinn la tontería 5T
Boden el suelo
Bohne el frijol 4Ac
Bonbon el caramelo
brauchen (etw.) necesitar a/c
brauchen *zeitlich* faltar 7Ac
braun *Haar- und Augenfarbe* castaño/-a 3T
Brille las gafas 3D
Brot el pan 4Ac
Brötchen (belegt) el bocadillo
Bruder el hermano
Buch el libro
Buntstift el lápiz de color
Burg el castillo
Bus el bus *fam.* = el autobús 6Ac
Butter la mantequilla 4Ac

C

Cafeteria la cafetería 6D
CD el cedé
chatten chatear
Comic el cómic
Computer el ordenador
Cousin/e el / la primo/-a
Croissant el cruasán 4Ac

D

Dame la señora 6Ac
danach después
Danke! ¡Gracias!
dann entonces; luego
darauf arriba 7Ac
das eso 4D; **~ ist** *(f. / Sg.)* ésta es; **~ ist** *(m. / Sg.)* éste es; **~ sind** *(f. / Pl.)* éstas son; **~ sind** *(m. / Pl.)* éstos son
das (hier) esto
dass *Konj.* que *conj.*
davor delante (de) 1T
davor *zeitl.* antes 1T
decken (den Tisch ~) poner la mesa 5D
denken (an jdn., etw.) pensar en alg., a/c (i/ie)
der ganze + *Nomen* todo el + *sust.* 5T
der, die, das que 4T
deswegen por eso 2T
Deutsch el alemán
Deutschland Alemania
die ganze + *Nomen* toda la + *sust.* 5T
Dienstag el martes 6Ac
diese + esta + *sust.* 3T
diese + *Nomen* **(da)** esa + *sust.* 3D; **diese** + *Nomen* **(da)** esas + *sust.* 3T; **diese** + *Nomen* **(da)** esos + *sust.* 3D
diese + *Nomen* **(hier)** estas + *sust.* 3T; **diese** + *Nomen* **(hier)** estos + *sust.* 3T
dieser + *Nomen* este + *sust.* 3T
dieser + *Nomen* **(da)** ese + *sust.* 3T
doch pues sí; sí
Donnerstag el jueves 6Ac
Dorf el pueblo 7Ac
dort allí; por ahí 3T
Dose la lata (de) 4T
draußen fuera 7T
dritte + *Nomen* el / la tercero/-a + *sust.* 6T
dumm tonto/-a
Dummheit la tontería 5T
durch por
Durst la sed; **~ haben** tener sed
duschen ducharse 6T
DVD el DVD

E

Ecke la esquina; el rincón (*pl.* rincones)
ehrlich de verdad 1T
Ei el huevo 4Ac
eigentlich es que 1T
es eilig haben tener prisa 3T
ein paar unos/-as *art. def.* 6Ac
einige unos/-as *art. def.* 6Ac
Einkaufsliste la lista de la compra 4D
Einladung la invitación (*pl.* invitaciones)
Eintrittskarte la entrada
einverstanden sein estar de acuerdo 4T
Eis el helado; **ein ~ essen** tomar un helado
Eisdiele la heladería
elegant elegante *adj.* 7Ac
Ellbogen el codo 6T
Eltern los padres
E-Mail el e-mail
am Ende al final
endlich por fin
Englisch *Schulfach* Inglés 6Ac
entdecken (etw.) descubrir a/c
entschuldigen disculpar 6Ac; perdonar
erhalten (etw.) recibir a/c 6T
erinnern (sich an jdn. / etw.) acordarse de alg., a/c (o/ue) 6T
erklären (jdm. etw.) explicar a alg. a/c 6T
erklingen sonar (o/ue) 7T
sich erschrecken asustarse 7T
erste + *Nomen* el / la primer/a + *sust.* 6Ac
erste Hilfe primeros auxilios *pl.* 7T
Erste-Hilfe-Team el grupo de socorristas 7T
Ersthelfer/in el / la socorrista 7T
ertragen (etw.) aguantar a/c 5T
erwarten (jdn. / etw.) esperar a alg., a/c 6Ac
erwidern contestar 1T
erzählen (etw.) contar a/c (o/ue) 2T
es gibt hay
Es ist warm. Hace calor. 7Ac
Es / Das tut mir leid! ¡Lo siento! 1D
essen comer
Essen la comida 6Ac
Essenszeit la hora de comer
Ethik *Schulfach* Ética 6Ac
etwas algo
Euro el euro; **Das macht 8 ~ und 75 Cent.** Son 8 euros con 75. 4T

F

Fahrrad la bici *fam.* = bicicleta; **mit dem ~ fahren** ir en coche 6Ac
Familie la familia
fantastisch fantástico/-a (ser) 5T
Farbe el color
fast casi; por poco 6Ac
fehlen faltar 7Ac
Fenster la ventana
Ferien las vacaciones 5T; **in den ~ sein** estar de vacaciones 5T
Ferienlager el campamento 5Ac
fernsehen ver la tele 5Ac
Fernseher la tele *fam.* 5Ac
fertig sein listo/-a (estar) 3D
Fertig! ¡Ya está!
Fest la fiesta
Fett la grasa 4T
Feuer el fuego 3T
Feuerwerk los fuegos artificiales *pl.* 3T
Film la película
finden (etw.) encontrar a/c (o/ue)
Fisch el pez (*pl.* los peces)
Fischgericht *Essen* el pescado 5Ac
Flasche la botella (de) 4D
Fleisch la carne 4T
Flur el pasillo 6T
Fluss el río 2T
folgen (jdm. / etw.) seguir a alg., a/c (e/i) 6Ac
forsch travieso/-a 2T
Foto la foto
fragen preguntar 3T
Frau la señora 6Ac
Freitag el viernes 6Ac

freuen (sich über etw.) alegrarse de a/c 6T
Freund/in el / la amigo/-a
frieren tener frío (e/ie) 7Ac
frisch fresco/-a 4T
fröhlich alegre *adj.* 2T
Frucht la fruta 4Ac
früh temprano *adv.* 5Ac
Frühstück el desayuno 4Ac
frühstücken desayunar 2T
Füller la pluma
fünfte + *Nomen* el / la quinto/-a + *sust.* 6T
für para; ~ **dich** para ti; ~ **mich** para mí; ~ **Montag** para el lunes 6Ac
furchtbar terrible (ser) *adj.* 7Ac
Fuß el pie 6Ac; **zu ~ gehen** ir a pie 6Ac
Fußball *Sportart* el fútbol; **~spiel** el partido de fútbol 1T

G

Garten el jardín (*pl.* jardines) 7T
Geburtstag el cumpleaños; **Herzlichen Glückwunsch zum ~!** ¡Feliz cumpleaños!
Geburtstagsgeschenk el regalo de cumpleaños
Geburtstagskuchen el pastel de cumpleaños
Geburtstagsparty la fiesta de cumpleaños
gefährlich peligroso/-a
gefallen gustar 3D; **sehr ~** encantar 5Ac
gegenüber von enfrente de
gehen (zu, nach) ir a 1D
gelb amarillo/-a 7Ac
Geld el dinero 4T
Gemüse la verdura 4T
genial genial *adj.*
Geographie und Geschichte Geografía e Historia 6Ac
geradeaus todo recto 6Ac
Gericht el plato 4Ac
das Geschäft *Laden* la tienda
geschehen pasar 7Ac
Geschenk el regalo
Geschichte la historia
Geschichtsbuch el libro de historia
Geschirr los platos 5D
geschwätzig parlanchín/-ina 2T
Geschwister los hermanos
gesund sano/-a 4Ac
gewinnen ganar a/c 5Ac
Gewitter la tormenta 7Ac
Gitarre la guitarra; **~ spielen** tocar la guitarra
Glas el vaso; **~ Wasser** el vaso de agua
glauben creer; **Ich glaube, dass […].** creo que […]. 2D
gleichzeitig a la vez 4T
Glück la suerte 7D; **~ haben** tener suerte 7D
glücklich feliz (*pl. felices*)
Gramm el gramo 4T
groß grande *adj.*; ~ *Menschen* alto/-a 6D
Großeltern los abuelos
Großvater / -mutter el / la abuelo/-a
grün verde *adj.* 7Ac
Gruppe el grupo 7T
gut bien *adv.*; bueno; bueno/-a 2D; vale; **~ passen zu** ir bien con 3T; **~ zusammen passen** ser muy amigos
Guten Appetit! ¡Que aproveche!
Guten Morgen! ¡Buenos días!
Guten Tag! ¡Buenos días!

H

Haar el pelo 3T
haben tener (e/ie)
halbes Kilo medio kilo (de) 4D
halten parar 6T
Hamburger la hamburguesa 4T
Hamster el hámster
Hand la mano 3T
Handball el balonmano 5Ac; **~ spielen** jugar al balonmano 5Ac
Handy el móvil
hassen (jdn. / etw.) odiar a alg., a/c 2T
hässlich feo/-a 7Ac
Haus la casa; **nach ~e kommen** llegar a casa; volver a casa; **zu ~e** en casa
Hausaufgaben los deberes
Hausmeister el / la portero/-a 6Ac
Haustier la mascota
Heft el cuaderno
Es ist sehr heiß. Hace mucho calor. 4T
heißen llamarse 6T
helfen (bei etw.) ayudar en a/c 5D
Hemd la camisa 7Ac
hereinkommen entrar
Herr el señor 6Ac
heute hoy; **~ morgen** esta mañana 7D
hier aquí
Himmel el cielo 7Ac
hinausgehen salir
hinsetzen sentarse (e/ie) 6T
hinten detrás (de) 7Ac
hinterher detrás (de) 7Ac
hinterlassen (jdm. etw.) dejar a alg. a/c 7T
hinunter abajo 7Ac
Hitze el calor 7Ac
hoch *Berge / Gebäude* alto/-a 6D
hören (etw.) escuchar
Horizont el horizonte 7Ac
Hose los pantalones 7Ac
Hotel el hotel
hübsch bonito/-a; guapo/-a 3T
Hund el perro
hundert cien 4T
Hunger el hambre; **~ haben** tener hambre
Hut el sombrero 3T
Hütte la cabaña 5Ac

I

Idee la idea; **eine ~ haben** tener una idea
immer siempre; **~ wenn** cuando 7T
in en
intelligent inteligente *adj.*
interessant interesante *adj.*
Internet el internet; por internet
Internetcafé el cibercafé

J

ja sí
Jacke la chaqueta
Jahr el año
[…] Jahre alt werden cumplir […] años
Jahre ([…] ~ alt sein) tener […] años
Jeans los vaqueros 7Ac
jeden Tag todos los días 5T
jetzt ahora
Junge el chico

K

kalt sein tener calor 7Ac; **Es ist ~.** Hace calor. 7Ac
Kälte el frío 7Ac
Kaninchen el conejo
kaputtlachen (sich) estallar de risa *fam.* 4T
Kartoffel la patata; **~omelett** la tortilla (de patata); **~salat mit Thunfisch und Erbsen** la ensaladilla rusa
Käse el queso; **~brötchen** el bocadillo de queso; **~sandwich** el sándwich de queso
Katze el gato
kaufen (etw.) comprar a/c
keck travieso/-a 2T
Keks la galleta 4Ac
Kilo el kilo
Kind el / la niño/-a
Kinder los hijos
Kino el cine
Kiosk el kiosco
Kirche la iglesia 7Ac
Klasse la clase
Klassenkamerad/in el / la compañero/-a
Klassenzimmer el aula *f.* 6Ac; **im ~** en la clase
Kleid el vestido 7Ac
Kleidung la ropa 3D
klein pequeño/-a
klingeln sonar (o/ue) 7T
klug inteligente *adj.*
kochen cocinar 5D
komisch werden ponerse así *fam.* 6D
kommen llegar (a); venir (e/ie) 5T; **~ aus** ser de; **zu spät ~** llegar tarde 5Ac
können poder (o/ue)
können (etw.) saber a/c
Kopf la cabeza 5T
Kopfsalat la lechuga 4T
Kopfweh / -schmerzen el dolor de cabeza 7Ac
krank enfermo/-a (estar) 7Ac
Krankenhaus el hospital
Kreide la tiza
Krücke la muleta 7T
Küche la cocina
Kuchen el pastel
Kühlschrank la nevera 7T
Küken el pollito
Kuli el boli
Kunst *Schulfach* Educación Plástica y Visual 6Ac
Kurs el curso 2T
kurz corto/-a (ser) 7Ac
kurzärmelig de manga corta 7Ac

L

lächeln sonreír (e/i) 7T
Lampe la lámpara
lang largo/-a (ser) 7Ac
langärmelig de manga larga 7Ac
langweilig aburrido/-a (ser)
Lärm el ruido 5Ac
lassen (etw.) dejar a/c
lästig pesado/-a 5T
Leben la vida 5T
leben vivir
Lebensgefährte/-in el / la compañero/-a
lebhaft inquieto/-a
Lehrer/in el / la profe *fam.* 4T; el / la profesor/a
leicht fácil
lernen aprender; estudiar
lesen (etw.) leer a/c
lieber wollen (etw.) preferir a/c (e/ie)
liebevoll cariñoso/-a
Lieblings- + *Nomen* favorito/-a + *sust.*
Lieblingsecke el rincón favorito
links a la izquierda (de) 6Ac
Liter el litro (de) 4D
London Londres 5Ac
Luftballon el globo
Lust haben (auf) tener ganas (de)
lustig divertido/-a (ser)

M

Mach dir keine Sorgen. No te preocupes. 6Ac
machen (etw.) hacer a/c 1D
Mädchen el chico
Mal la vez (*pl.* veces) 6D
mal sehen a ver
Mama la mamá
man muss + *Inf.* hay que + *inf.* 6Ac
manchmal a veces
Mäppchen el estuche
Mappe la carpeta
Markt el mercado 4T
Marmelade la mermelada 4Ac
Mathe Mates *fam.* = Matemáticas 2T
Mathematik Matemáticas 6Ac
Maus *Tier* el ratón (*pl.* ratones)
Meerschweinchen el conejo de Indias
mehr más
Melone el melón (*pl.* melones) 4T
eine Menge un montón de
Milch la leche 4Ac
Minute el minuto 5Ac
mit con; **~ dir** contigo 1T; **~ mir** conmigo 1T
Mitbewohner/in el / la compañero/-a 5Ac
Mitschüler/in el / la compañero/-a
Mittagszeit la hora de comer 2T
Mitte el centro
mittelmäßig regular *adj.*
Mittwoch el miércoles 6Ac
modern sein estar de moda 3D
mögen querer (e/ie)
Moment el momento 1D
Montag el lunes 6Ac
montags los lunes 6Ac
morgen mañana
Morgen la mañana 5Ac
morgens por la mañana 6Ac
morgens + *Uhrzeitangabe (las tres)* + de la mañana 5Ac
müde sein (von) cansado/-a (de) (estar) 2D
Museum el museo 1T
Musik la música
Müsli los cereales 4Ac
müssen tener que
Mutter la madre
Mütze la gorra 7Ac

N

nach Hause kommen volver a casa
nach + *Nomen* después de + *sust.*
nach und nach poco a poco
Nachbar/in el / la vecino/-a 5T
nachher luego
Nachhilfe *Schulfach* la tutoría 6Ac
Nachmittag la tarde 5Ac
nachmittags por la tarde 1D
nachmittags + *Uhrzeitangabe (las tres)* + de la tarde 5Ac
Nachricht *Handy* el mensaje 7T
nächste/r/s próximo/-a 4Ac
Nacht la noche 5Ac

nachts por la noche 2T; *Uhrzeitangabe* + ~ *hora* + de la noche 5Ac
nah cerca
Nähe (in der ~ von) cerca de; ~ **(in der ~)** cerca; por aquí
Name el nombre 2T
nämlich es que 1T
Nase la nariz (*pl.* narices) 5T; **die ~ voll haben** estar hasta las narices *fam.* 5D
Naturkundebuch el libro de Ciencias 4T
natürlich por supuesto; pues sí; ~ **nicht** pues no 3T
Naturwissenschaften Ciencias de la Naturaleza 6Ac
neben al lado de
nehmen coger a/c 6Ac; ~ *Essen / Trinken* tomar
nein no
nervös nervioso/-a 2D
nett majo/-a *fam.* 6D; **Ich finde ihn / sie ~.** Me cae bien / mal. 5T
neu nuevo/-a
nicht no
nichts no [...] nada 7T; ~ **mehr** nada más 5T
nie no [...] nunca 7T
niedlich mono/-a *fam.* 3T
niemand no [...] nadie 7T
noch dazu para colmo 5T; ~ **einmal** otra vez; ~ **nicht** todavía no 7D
noch (immer) todavía
Note la nota 2T
notieren (etw.) apuntar a/c 1D
nur sólo

O

O.K. bueno; está bien 1T; vale
ob si 7Ac
oben arriba 7Ac
Obst la fruta 4Ac
Obstsalat la macedonia 4T
oder o
ohne sin 3T
Onkel el tío
Orange la naranja
Orangensaft el zumo de naranja
Ordnung (in ~) está bien 1T
organisieren (etw.) organizar a/c (z/c) 4D
originell original (ser) *adj.* 3T
Ort el sitio 7T

P

Paket el paquete (de) 4D
Papa el papá
Papagei el loro
Park el parque 5T
Party la fiesta
passieren pasar 7Ac
Pause la pausa 7Ac; **ohne ~** sin parar 6T
Pause *Schule* el recreo
per *Medium / Hilfsmittel* por 5T
perfekt perfecto/-a 4Ac
Pferd el caballo
pfiffig sein tener chispa 2T
Pfirsich el melocotón 4Ac
Platz la plaza; ~ *Ort* el sitio 7T
plaudern charlar
plötzlich de repente 3T
Pommes frites las patatas fritas 4T
Poster el cartel
Problem el problema
Prüfung el examen
Pullover el jersey 7Ac
Punkt el punto 5T
putzen (etw.) limpiar a/c 5D

R

Radiergummi la goma
ratlos perplejo/-a 4T
Recht haben tener razón
rechte + *Nomen* el / la *sust.* + derecho/-a 7T
rechts (von) a la derecha (de) 6Ac
reden hablar; **wie ein Wasserfall ~** hablar hasta por los codos *fam.* 6T
Regal la estantería
regnen llover (o/ue) 7Ac
Reihe la cola 6T
Reis arroz 4Ac
reiten montar a caballo 5Ac
Religion *Schulfach* Religión 6Ac
Restaurant el restaurante
Rock la falda 7Ac
rot rojo/-a 7Ac; ~ **(wie eine Tomate) werden** ponerse rojo/-a (como un tomate) *fam.* 6D
Rückkehr la vuelta 6Ac
Rucksack la mochila
rufen llamar 1T
ruhig tranquilo/-a

S

Sache la cosa
Saft el zumo
sagen (etw.) decir a/c (e/i) 3T
Samstag el sábado
Sandwich el sándwich
satt haben (etw.) harto/-a de a/c (estar) 2D
sauber machen (etw.) limpiar a/c 5D
sauber sein limpio/-a 5T
schauen mirar
Schildkröte la tortuga
Schinken el jamón (*pl.* jamones); **~sandwich** el sándwich de jamón
schlafen dormir (o/ue) 7T
schlecht mal *adv.* 5T; malo/-a 2T; ~ **gehen (jdm.)** mal (estar) 7Ac
schließen (etw.) cerrar a/c (e/ie) 5Ac
Schloss el castillo
Schlüssel la llave 7T
Schmerz el dolor 7Ac
schmerzen doler (o/ue) 7Ac
schnell deprisa *adv.* 6T
Schokolade el chocolate 4T
schon sí; ya; ~ **wieder** otra vez
schön bonito/-a; mono/-a *fam.* 3T
Schrank el armario
schrecklich fatal *adv.*; tremendo/-a 5Ac; terrible (ser) *adj.* 7Ac
schreiben (etw.) escribir a/c
Schreibtisch el escritorio
Schuh el zapato 7Ac
Schule el cole *fam.* = el colegio
Schüler/in el / la alumno/-a
Schulfach la asignatura 6Ac
schwarz negro/-a 7Ac
schwatzen charlar
schwer difícil
Schwester el hermano
schwierig difícil
Schwimmbad la piscina 5Ac
schwimmen nadar 1T
sehen (etw.) ver a/c
sehr muy
sein ser; **da ~** estar; ~ **aus** ser de
Sessel el sillón
setzen sentarse (e/ie) 6T
sicherlich seguro que
Sie usted 6Ac

Sieger/in el / la campeón/-ona (*pl.* campeones/-as) 5T
singen cantar
SMS el mensaje 7T
so así; tan 4T; **~ viel zu** + *Inf.* tanto que + *verbo* 6T
sofort en seguida 3T
Sohn el hijo
Sommer el verano 5Ac
Sonne el sol 3D; **Die ~ scheint.** Hace sol. 7Ac
Sonnenbrille las gafas de sol 3D
Sonntag el domingo 6Ac
sonst nichts nada más 5T
sorgen (für jdn.) cuidar a alg.
Spanien España
Spanisch *Sprache* el español
Spanischbuch libro de español
spät (zu ~) tarde *adv.*
später después
spazieren gehen pasear; salir a pasear
Speisesaal el comedor 5T
Spiel el juego 5T; ~ *Sport* el partido 1T
spielen tocar; **etw. ~** jugar (a) a/c (u/ue) 5Ac
Sport el deporte; *Schulfach* ~ Educación Física 6Ac; **~ machen** practicar deporte/s 5Ac; **~ treiben** practicar deporte/s 5Ac
Sportecke el rincón de los deportes *fam.*
sportlich deportista *adj.* 2D
Sportzentrum el polideportivo 1T
Sprache el idioma 2T; **~ und Literatur** *Schulfach* Lengua y Literatura 6Ac
sprechen hablar
Stadion el estadio
Stadt la ciudad
Stadtviertel el barrio
Stärke (die ~ von jdm. sein) ser el fuerte de alg. 2T
Stift el lápiz (*pl.* lápices)
Stimmt. Es verdad.
stoppen parar 6T
Strand la playa
Straße la calle
Streit la bronca 7T
Stuhl la silla
Stunde la hora 5Ac
Stundenplan el horario (de clase) 6Ac
Sturm la tormenta 7Ac
suchen (etw.) buscar a/c
süß dulce 4Ac
sympathisch majo/-a *fam.* 6D; simpático/-a (ser) 2D

T

Tafel la pizarra
Tag el día
Tante la tía
Tanz el baile
Tanzschule la academia de danza
tauchen bucear 5Ac
Technologie *Schulfach* Tecnología 6Ac
teilnehmen (an etw.) participar (en) 5Ac
Telefon el teléfono 1T; **~nummer** el número 1D
Teller el plato 4Ac
teuer caro/-a 4T
Text el texto 4T
Tier el animal
Tierschutzverein la asociación protectora de animales
Tisch la mesa
Toast la tostada 4Ac
Tochter el hijo
toll estupendo/-a; guay
Tomate el tomate 4T
Torte el pastel
tragen llevar a/c 7Ac
Trainingsanzug el chándal 7Ac
Treppenhaus el pasillo 6T
trinken beber
T-Shirt la camiseta 7Ac
etw.~ werden ir a + *inf.* 4D
Tür la puerta
Turm la torre 7Ac
Turnier el torneo 5Ac
Turnschuhe las zapatillas (de deporte) 7Ac
Typ el tío *fam.* 6T
typisch típico/-a (ser) 4Ac

U

über encima de; sobre; **Über was?** ¿De qué?
übernachten pasar la noche 7T
überqueren (etw.) cruzar a/c 6Ac
Überraschung la sorpresa 6T
Uhr el reloj 5Ac
Um wieviel Uhr? ¿A qué hora …? 5Ac
um zu + *Inf.* para + *inf.*
umknicken (etw.) torcer a/c (o/ue) 7T
und y
und *(vor i + hi)* e 6Ac
Unfall el accidente 7D
unruhig inquieto/-a
unten abajo 7Ac
unter debajo de
Unterricht la clase; **im ~** en la clase
unvorsichtig imprudente (ser) *adj.* 7T
Urlaub las vacaciones 5T; **im ~ sein** estar de vacaciones 5T

V

Vater el padre
verabreden (sich) quedar 1T
Verband el vendaje 7T
verbringen *Zeit* pasar 4T
verdienen ganar a/c 5Ac
Vergnügungspark el parque de atracciones 5T
verschieden diferente *adj.* 5Ac
verstehen (etw.) comprender
verzeihen disculpar 6Ac
viel mucho; **~ mehr** mucho más
viel/e mucho/-a 4D
vierte + *Nomen* el / la cuarto/-a + *sust.* 6T
viertel Kilo (von) el cuarto de kilo (de) 4T
Vitamin la vitamina 4D
Volk el pueblo 7Ac
Volleyball *Sportart* el voleibol 2T
von de
von … aus desde 4T
von / seit […] bis […] Uhrzeit desde […] hasta […] 6Ac
vor delante (de) 1T; **~ allem** sobre todo 4T
vorbeigehen pasar (por) 3T; **an etw. ~** pasar por a/c 7Ac
vorbereiten (etw.) preparar a/c
vorher antes 1T
jdn. / etw.~ presentar a alg., a/c 6T

W

Wahlfach la Optativa 6Ac
während mientras 7T; ~ + *Nomen* durante + *sust.* 6Ac
Wahrheit la verdad
Wald el bosque 7Ac
Wand la pared
Wann? ¿cuándo? 1D
warm sein tener calor 7Ac
Wärme el calor 7Ac
warten (auf jdn. / etw.) esperar a alg., a/c 6Ac
Warteschlange la cola 6T
Warum? ¿por qué?
was (für)? ¿qué?
Was für ein/e + *Nomen*! ¡Vaya + *sust.*! *fam.* 7T
Waschmaschine la lavadora 3T
Wasser el agua
Webseite la página web
Weg el camino 6Ac
weggehen irse 6T
weh tun doler (o/ue) 7Ac
weil porque
Weile el rato 5T
Weintraube la uva 4T
weiss blanco/-a 7Ac
weit lejos *adv.* 6Ac
weitermachen mit etw.~ seguir con a/c (e/i) 7Ac
Wellensittich el periquito
ein wenig un poco
wenig/e poco/-a 4T
weniger menos
Wer? ¿quién? (*pl. ¿quiénes?*)
Wetter el tiempo 7Ac; **Das ~ ist gut / schlecht.** Hace buen / mal tiempo. 7Ac
wie como
Wie ¿cómo?
Wie + *Adj.*! ¡qué + *adj.*!
Wie viel/e? ¿cuánto/-a? 6Ac
wirklich de verdad 1T
wissen (etw.) saber a/c
Witz el chiste 2T
witzig gracioso/-a
Wo? ¿dónde?
Woche la semana 6Ac
Wochenende el fin de semana 4Ac
Woher? ¿de dónde?
Wohin? ¿adónde? 1T
wohnen vivir
Wohnung el piso
Wohnzimmer el salón
Wolke la nube 7Ac
wollen querer (e/ie)
Wort la palabra 2T
Worüber? ¿de qué?
wunderbar estupendo/-a
Wurst el embutido 4Ac

Z

Zahl el número 1D
zärtlich cariñoso/-a
Zärtlichkeit el cariño
Zeit el tiempo 7Ac
Zeitschrift la revista
Zelt la tienda de campaña 7T
Zentrum el centro
ziemlich bastante *adv.* 4T
Zimmer la habitación (*pl.* habitaciones)
zu a; **~ viel** demasiado *adv.* 6T
Zucker el azúcar *f.* 4T
zuerst primero *adv.* 1T
Zufall la casualidad 6T
zufrieden contento/-a (estar) 2D
zuhören escuchar
Zuneigung el cariño
zurückkommen (nach) volver a (o/ue)
zusammen juntos/-as
zweite + *Nomen* el / la segundo/-a + *sust.* 6Ac
zwischen entre

SOLUCIONES

A jugar, p. 8/9

1. Reihe (von links nach rechts): 1. al; 2. yo estoy, tú estás, él/ella está, nosotros/-as estamos, vosotros/-as estáis, ellos/-as están; 3. un vaso de agua, un zumo de naranja; 4. difícil, pequeño, aburrido; 5. ¿Dónde está mi libro?; 6. el bocadillo de queso, los caramelos

2. Reihe: 7. yo sé, tú sabes, él/ella sabe, nosotros/-as sabemos, vosotros/-as sabéis, ellos/-as saben; 8. los regalos, los cines, los hospitales; 9. un gato; 10. panadería; 11. una bicicleta, un cedé de Shakira; 12. Tengo hambre.

3. Reihe: 13. los lápices, el estuche, la goma; 14. ¿Por qué; 15. siete, diez, doce, catorce, quince, veinte; 16. el animal; 17. El examen es muy difícil.; 18. ¿Puedo tener un perro?

4. Reihe: 19. está, Es; 20. ¡Sal de aquí/del salón!; 21. ¡Feliz cumpleaños!; 22. la médica, la profesora, la tía, la abuela, la hermana; 22. yo quiero, tú quieres, él/ella quiere, nosotros/-as queremos, vosotros/-as queréis, ellos/-as quieren; 23. primo

5. Reihe: 24. sal, ten; 25. el sándwich de jamón y queso, el pastel de cumpleaños, los helados; 26. Alicante, Madrid, Valencia…; 27. Barcelona no es la capital de España.; 28. nuestros; 29. entre

Bildquellenverzeichnis:

Cornelsen Schulverlage/Lucentum Digital, Chema Bazán **S. 7** *alle,* **S. 13, S. 24** *links + rechts,* **S. 25, S. 27, S. 36** *alle,* **S. 37** *alle,* **S. 39, S. 48** *oben + unten,* **S. 53, S. 55** *links + rechts,* **S. 63, S. 66** *oben links, Mitte links, Mitte rechts + unten links,* **S. 67** *alle,* **S. 69, S. 71, S. 78** *1 + 2,* – **S. 79** *3 + 4,* **S. 81** *oben,* **S. 83, S. 92** *alle,* **S. 93** *alle,* **S. 95, S. 105, S. 108** *links + rechts,* **S. 65** *links + rechts* – Cornelsen Schulverlage/IPS, **S. 35** *1, 2, 3, 4, 5 +7;* Grimm *6* – Cornelsen Schulverlage/Gabriela Alonso, **S. 50** *Mitte rechts;* Cornelsen Schulverlage/Quesada, **S. 65** *links + rechts* – Cola Cao **S. 50** *unten rechts* – Colourbox **S. 82** *oben von links nach rechts: 1* Kudrin Ruslan; *2* Ivan Danik; *3 + 4; Mitte, von links nach rechts: 2* Kudrin Ruslan; *3; unten, von links nach rechts: 1 + 2; 4* Ruslan Kudrin – Caminito S. a. S. Quino **S. 63** *unten* – Concejalía de Juventud Alicante **S. 62, S. 64** – Fotolia: **S. 12** gold36 *oben links;* michele. Pautasso *oben rechts;* Andres Rodriguez *unten links;* Julie Janowicz *unten rechts;* **S. 18** eszter71; **S. 30** Sergey Peterman *Mitte;* **S. 34** K.-P. Adler; **S. 51** photocrew *Mitte oben;* monticellllo *rechts oben;* Sea Wave *Mitte;* Hyrma *rechts unten;* **S. 74** Smileus *rechts;* **S. 82** vinzstudio *1;* aekikuis *3;* **S. 90** villorejo; **S. 91** Roman Sigaev *oben rechts;* eyetronic Mitte *links;* Pakhnyushchyy *Mitte rechts;* kirchbach. st. *unten links;* **S. 129** Gerhard Reus *oben rechts;* **S. 129** Matej Kastelic *unten rechts* – GRUPO ZETA © 2014, Ediciones B, S. A., Francisco Ibánez **S. 20** – mauritius images **S. 66** *unten rechts* – Shutterstock: **S. 6** Monkey Business Images; **S. 30** YanLev *oben;* Atlaspix *unten links;* Rawpixel *unten rechts;* **S. 43** Anna Omelchenko; **S. 50** eAlisa *oben links;* Anna Kurzaeva *oben rechts;* Mindscape studio *Mitte links;* **S. 51** Olaf Speier *links;* Christian Jung *Mitte unten;* **S. 66** somor *oben rechts;* **S. 74** Poznyakov *links;* jordeangjelovik *Mitte;* **S. 81** Air Images *unten;* **S. 129** Roberaten *Mitte links;* **S. 130** rook76 *oben links;* Deymos.HR *unten links;* rubiphoto *Mitte rechts*

¡Apúntate ya! 2A

Lehrwerk für den Spanischunterricht

Im Auftrag des Verlages erarbeitet von:
Joachim Balser, Isabel Calderón Villarino, Amparo Elices Macias, Alexander Grimm, Catherine Jorissen, Heike Kolacki und Ulrike Lützen

und der Redaktion Spanisch
Andrea Finster, Christin Klöppner
Projektleitung: Heike Malinowski

Beratende Mitwirkung:
David Alonso, María José Gonzalo Tasis, Dr. Barbara Köberle, Frauke Wegener-Höllings

Illustrationen: Rafael Broseta y Zoografic, Joachim Balser
Karten: Dr. Volkhard Binder, Berlin
Umschlagfoto: © Corbis
Gesamtgestaltung und technische Umsetzung: werkstatt für gebrauchsgrafik, Berlin

Begleitmaterialien zu ¡Apúntate ya! 2A:

Arbeitsheft mit CD und eingelegtem Förderheft	ISBN 978-3-06-120264-4
Audio-CD	ISBN 978-3-06-120266-8
Lehrermaterial mit Kopiervorlagen zum Download	ISBN 978-3-06-120267-5
Video-DVD	ISBN 978-3-06-022339-8

www.cornelsen.de

1. Auflage, 2. Druck 2016

Alle Drucke dieser Auflage sind inhaltlich unverändert und können im Unterricht nebeneinander verwendet werden.

Druck: AZ Druck und Datentechnik GmbH, Kempten

ISBN 978-3-06-120263-7

PEFC
PEFC/04-31-2260

PEFC zertifiziert
Dieses Produkt stammt aus nachhaltig bewirtschafteten Wäldern und kontrollierten Quellen.

www.pefc.de